ESQUISSE

DU SYSTÈME D'ÉDUCATION

SUIVI DANS LES ÉCOLES

DE NEW-LANARK.

ESQUISSE

DU

SYSTÈME D'ÉDUCATION

SUIVI DANS LES ÉCOLES

DE NEW-LANARK.

TRADUIT DE L'ANGLAIS DE M. DALE OWEN,

Par M. DESFONTAINES.

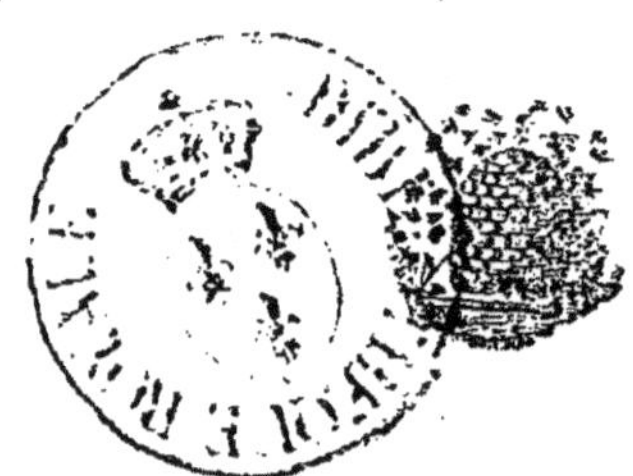

PARIS.

LUGAN, Libraire, passage du Caire, nº 121.
PONTHIEU, Libraire, au Palais-Royal.
BOUQUIN de la SOUCHE, Libraire, boulevard Saint-Martin, nº 3.

1825.

IMPRIMERIE DE DONDEY-DUPRÉ,
Rue Saint-Louis, No 46, au Marais.

LE TRADUCTEUR

AU LECTEUR.

La supériorité de l'homme éclairé sur l'homme ignorant est trop généralement reconnue pour que je cherche à en apporter de nouvelles preuves. Je me bornerai donc ici à indiquer les vues qui m'ont déterminé à faire connaître, en France, le système d'éducation suivi dans les écoles établies en Écosse par M. Robert Owen (1).

Il est possible que nos colléges at-

(1) On vient de former à Londres une *institution centrale*, dans laquelle des jeunes gens sont instruits dans le système de M. Owen. Ils sont destinés à aller eux-mêmes, ensuite, enseigner d'après la même méthode, dans les différentes provinces de la Grande-Bretagne.

M. Owen est actuellement aux États-Unis d'Amérique, où il fait un noble emploi de sa fortune, en installant de spacieuses écoles dans lesquelles son système sera suivi.

teignent le but pour lequel ils ont été institués. L'homme aisé, dont les enfans sont appelés à parcourir une carrière brillante, peut les y faire entrer; là, ils acquerront les connaissances nécessaires pour remplir avec distinction les emplois qui pourront leur être confiés.

Mais il reste beaucoup à faire en faveur de ceux qui, moins riches, n'en ont que plus besoin de s'instruire pour devenir utiles à la société (1). C'est pour eux que devraient exister des institutions spéciales où l'on donnerait l'*instruction nécessaire ;* et l'instruction nécessaire à un homme que l'infortune

(1) Quel est le partage de la basse classe? Trop souvent la misère et l'immoralité, tristes fruits de l'ignorance. En France, en 1825, on assure que sur vingt personnes, prises dans la généralité des habitans, dix-huit sont illettrées. J'ai rencontré un jeune soldat qui, abandonné dès sa naissance, avait été élevé dans une maison de charité; il en était sorti à vingt ans sachant mal le métier de tailleur, et n'ayant pas même les premières notions de la lecture. Cependant nous nous croyons avancés en civilisation.

oblige à suivre une profession, n'est certainement pas celle qu'on donne dans nos écoles.

Effectivement, en supposant qu'un artisan ait les moyens de faire entrer son fils dans nos colléges, quel fruit cet enfant retirera-t-il de ses études s'il est destiné à suivre la profession de son père? Les mathématiques, la mécanique, la chimie, ne seraient-elles pas pour lui d'un tout autre intérêt que le grec et le latin qu'il a appris, mais qu'il oubliera bientôt, s'il n'est pas en position d'en faire usage.

C'est le défaut d'établissemens dans lesquels on pourrait faire des études appropriées à son état qui m'a frappé. J'ai pensé qu'en faisant connaître les écoles de New-Lanark, il serait possible que je fisse naître le désir d'en voir établir d'à peu près semblables en France; et, convaincu des avantages généraux et particuliers qui résulteraient de l'adoption du système de M. Owen, je me suis décidé à traduire, dans notre langue, le résumé qui en a été fait par M. Dale Owen, fils du fondateur.

Je me proposais de mettre en tête de ma traduction une préface qui donnât quelque idée du pays dans lequel sont établies ces écoles, et quelques détails sur les localités ; mais j'appris que M. M.-A. Jullien, de Paris, qui le premier a fait paraître en France une *Revue encyclopédique*, ou journal destiné à publier les découvertes faites dans les quatre parties du monde, et qui ont pour but le bonheur de l'humanité, avait fait en 1822 un voyage en Angleterre, dont le but était de visiter les écoles de New-Lanark, et de s'assurer des effets du système d'éducation qui y est suivi. Je me flattai de trouver près de lui quelques renseignemens : je trouvai davantage. Je dois à son obligeance personnelle, et à son amour pour tout ce qui tend à améliorer le sort de l'espèce humaine, la permission de faire précéder l'ouvrage de M. Owen par la Notice qu'il a faite sur ces écoles, et qui est un récit intéressant et instructif de son voyage.

Je me plais à consigner ici l'expression de ma reconnaissance envers ce respectable philantrope.

NOTICE

SUR LA COLONIE INDUSTRIELLE DE NEW-LANARK, EN ÉCOSSE, FONDÉE PAR M. ROBERT OWEN.

(Extrait de la *Revue Encyclopédique*, N° d'avril 1823.)

TROP souvent une apathique indifférence, une défiance pusillanime, des préventions injustes, une orgueilleuse incrédulité, une malveillance opiniâtre ont fait repousser, comme autant de théories impraticables et chimériques, les projets les plus louables et les vues les plus utiles pour le perfectionnement moral de l'homme, pour la réforme de l'éducation et de l'enseignement, pour l'adoption d'un meilleur système de législation civile et criminelle, pour l'introduction d'innovations salutaires dans l'organisation sociale; enfin, pour l'amélioration de la condition des hommes, si généralement sacrifiés à l'ignorance et aux préjugés qui nous enveloppent encore des plus épaisses ténèbres (1).

(1) On peut citer, à l'appui de cette affligeante vérité, l'exemple récent des persécutions inouïes aux-

Les hommes, aveugles, insensés et ingrats, ont souvent méconnu, persécuté, proscrit quelques esprits élevés, quelques ames généreuses, qui avaient médité sur les moyens d'adoucir et d'embellir la destinée et l'existence de leurs semblables. Les oppresseurs de l'humanité ont plus d'une fois envahi la puissance, et même ont usurpé des trônes; et ils sont devenus les objets du respect des peuples. Plus souvent en-

---

quelles a été en butte, dans le canton de Fribourg, en Suisse, au commencement de cette année, le R. P. Girard, fondateur et directeur de l'école française de la ville de Fribourg, l'une des meilleures institutions de ce genre, sous les rapports de la pureté des principes religieux et moraux, de la bonté, de la solidité, de l'étendue de l'instruction, et de la perfection des méthodes d'enseignement. Le P. Girard avait mérité et obtenu l'affection de ses élèves, la reconnaissance de leurs parens, l'estime de ses compatriotes, l'admiration des étrangers, une réputation européenne qui associait son nom aux noms justement respectés de Pestalozzi, de Fellenberg, de Robert Owen. Il a éprouvé le sort commun des hommes d'un mérite supérieur, des véritables amis de l'humanité : l'envie, la calomnie, la persécution, sont devenues son partage. Le sentiment d'avoir fait le bien doit lui procurer une douce consolation dans ses malheurs, et une récompense de ses travaux.

M.-A. J.

core les bienfaiteurs de l'humanité, abandonnés par ceux-là même dont ils défendaient la cause, n'ont eu d'autre partage que des diffamations, des calomnies et des fers, et ils ont péri victimes de la violence et de la fureur des sectes religieuses ou politiques, comme autrefois Phocion et Socrate.

Aujourd'hui du moins, dans quelques contrées du globe, on peut s'occuper impunément à faire le bien; on peut proposer et même essayer d'heureuses innovations, sans être accusé de vouloir bouleverser l'ordre social. C'est surtout chez les peuples où des institutions fortes protégent la liberté individuelle et la liberté politique, et où chaque citoyen, justement fier de ce titre et des droits qu'il garantit, conserve le sentiment de sa dignité, que des hommes éclairés et bienfaisans peuvent concevoir et appliquer des vues philantropiques; ceux qui ne se bornent point à les proposer, mais dont la persévérance et l'habileté réussissent à les exécuter, malgré d'immenses obstacles, méritent des encouragemens et des éloges. Ces éloges ne sont point seulement des récompenses; car de tels hommes n'en ont pas besoin: ils trouvent le prix de leurs actions dans le sentiment qui les inspire; mais il s'agit d'offrir de nobles exemples aux regards du public, et de faire apprécier les résultats qu'une volonté forte et active pour le bien, a obtenus. On prépare à ceux qui ont posé les bases, des imitateurs et des successeurs qui continueront et achèveront leur ouvrage.

La Grande-Bretagne, et particulièrement l'Écosse, sont, en Europe, au nombre de ces contrées privilégiées où il est possible et permis de travailler au bonheur des hommes; où beaucoup de pensées individuelles et d'actes publics se rapportent au bien-être de toutes les classes de la société; où les mortels généreux qui se consacrent à une semblable destination, ne sont pas entravés, calomniés, persécutés; mais trouvent facilement des appuis et des auxiliaires.

Il appartient à notre *Revue Encyclopédique*, qui a voulu établir une sorte de rendez-vous commun pour toutes les vues du bien public, pour tous les travaux utiles, de proclamer les tentatives, déjà couronnées d'un grand succès, par lesquelles un de ces hommes rares, dont la vie est une suite de bonnes actions, a ouvert une carrière où l'on doit désirer que beaucoup d'autres philantropes veuillent le suivre.

J'ai visité moi-même, au mois de septembre 1822, le fondateur des établissemens de New-Lanark : j'ai puisé dans ses entretiens la connaissance des sentimens et des principes qui l'ont dirigé ; j'ai assisté aux travaux des ouvriers qu'il emploie, aux instructions, aux exercices et aux jeux des enfans qu'il fait élever ; j'ai passé une journée trop courte, trop fugitive, dans cette obscure et pittoresque vallée, dans cette délicieuse retraite où règnent le travail, la bienveillance mutelle, la douce paix et le bonheur. Je vais reproduire avec fidélité les faits que j'ai observés, les impressions que j'ai recueillies, le spectacle enfin qui a fixé mon attention, et qui a pénétré mon ame d'une émotion douce et profonde.

J'avais beaucoup entendu parler de la colonie industrielle fondée par M. Robert Owen, et j'avais lu, avec un vif intérêt, son mémoire publié sous ce titre : *Institution pour améliorer le caractère du peuple* (1). L'un des objets du

---

(1) Ouvrage de M. R. Owen, traduit de l'anglais sur la troisième édition, par M. de Lasteyrie. Paris, 1819, in-8° de 46 pages ; Louis Colas, rue Dauphine, n° 32. — Voyez aussi l'ouvrage de M. H.-G. Macnab, intitulé : *Examen impartial des nouvelles vues de M. R. Owen, et de ses établissemens à New-La-*

voyage que j'ai fait en Angleterre et en Écosse, pendant l'été de 1822, était d'observer de près cette institution, et de juger si elle paraissait répondre aux vues bienfaisantes du fondateur. Je me suis rendu de Glasgow à New-Lanark (distance de 25 milles anglais, environ 12 lieues), en traversant une suite continuelle de campagnes fertiles, de riantes prairies, de jardins et de vergers rendus féconds par une culture intelligente et soignée. J'avais pour compagnon de voyage un Français établi depuis long-tems en Angleterre (M. B***), d'un caractère froid, d'un sens profond, observateur judicieux, également incapable de se laisser prévenir en bien ou en mal, déterminé, comme je l'étais, à ne former son opinion qu'après avoir vu par lui-même, et sur les lieux, l'institution que nous désirions connaître et apprécier.

Nous laissons notre voiture dans l'ancien bourg de Lanark, et nous sommes conduits par un jeune paysan au nouveau Lanark, éloigné

---

nark, etc., traduit de l'anglais, par M. Lafon de Ladebat (Paris, 1821, un vol. in-8°, Treuttel et Würtz); et l'extrait que nous avons donné de cet ouvrage, tom. X (mai 1821), pages 320-326.

seulement d'un quart de lieue, mais où l'on peut se croire à une grande distance, si l'on compare les deux localités sous les rapports de la propreté et de la régularité des bâtimens, et de l'état moral et social des habitans. On y reconnaît les signes évidens d'un degré de civilisation plus avancé. Nous descendons sur une verte pelouse, à travers un petit bois, et par une pente assez rapide, dans une vallée solitaire, toute enfermée de collines, dont la situation est pittoresque et romantique, et au fond de laquelle coule la Clyde, célèbre par ses cascades et par la beauté de ses rivages. Nous trouvons à mi-coteau une habitation d'une apparence très-agréable, à la fois vaste et commode, remarquable par une élégante simplicité, entourée de bois et de prairies, d'où l'on aperçoit, au bout d'une longue allée, plantée d'arbres, dans un enfoncement et au bord de la rivière, les bâtimens occupés par la colonie formant le village appelé New-Lanark. M. Owen était au milieu de ses ouvriers et de leurs enfans. C'est là que, sans être attendus ni annoncés, nous nous empressons d'aller le joindre.

M. Owen, âgé de cinquante-un ans, paraît n'en avoir guère plus de quarante. Sa physionomie, douce et calme, aimable et spirituelle, annonce un homme bienfaisant, intelligent et heureux, dont la vie est consacrée au bonheur de ses semblables. Il a pris, depuis environ vingt-quatre ans, la direction de ces établissemens où tout respire aujourd'hui l'ordre, l'activité et le bonheur. C'était une grande manufacture qui existait déjà depuis douze années, et où l'on ne trouvait, comme dans la plupart des établissemens, qu'ignorance, désordre, immoralité et misère. Il a opéré dans l'intervalle des dix ou douze premières années, une entière métamorphose; et le contraste frappant de l'ancienne manufacture et de la colonie régénérée, fournit un témoignage précieux en faveur de la bonté primitive de la nature humaine.

On n'apprendra point sans intérêt par quelle succession d'idées et d'observations M. Owen avait été conduit à la noble et généreuse pensée des améliorations qu'il est parvenu à réaliser. Quelques lectures vagues et mal dirigées, tour à tour appliquées à des ouvrages bons ou mauvais qui se trouvaient à sa disposition, lui firent entrevoir, comme à travers un épais nuage, les moyens de perfectionnement des enfans et des classes pauvres, sur lesquels il a fixé ensuite une attention réfléchie. La première impression forte et profonde en ce genre fut produite en lui par les *Aventures de Robinson Crusoé*. Il y remarqua l'éducation, pour ainsi dire, manuelle et pratique de la nécessité, du besoin, de la nature, loin des hommes, de leurs institutions et de leurs influences, trop souvent malfaisantes. Quelques passages de l'*Émile* de J.-J. Rousseau; l'exemple d'un vieillard bienfaisant, cité dans *Adèle et Théodore*, de madame de Genlis, firent aussi une vive impression sur son âme. Il commence par réunir, en une sorte de code moral et philosophique à son usage, les vérités fondamentales relatives à la nature humaine et aux moyens de la perfectionner, sur lesquelles un certain nombre de bons esprits sont tombés d'accord. Puis, il observe et signale les contradictions, les inconséquences, les divergences d'opinions et de vues qui s'offrent à lui dans les systèmes et dans les travaux des hommes qui peuvent faire autorité. Il se forme, d'après ses raisonnemens, ses observations et sa conviction intime, un système et un plan dont il veut essayer l'exécution; il sent que sa théorie ne trouvera presque personne qui soit disposé à l'approuver; aussi a-t-il cru devoir attendre vingt années avant de rien publier sur ce sujet, et il s'est éclairé peu à peu, en pratiquant ce qu'il avait conçu de bon et d'utile, et en observant les progrès et les résultats de ses expériences.

Favoriser le libre développement de l'homme et de ses facultés physiques, morales et intellectuelles; éviter de lui offrir aucun mobile corrupteur qui éveille les penchans vicieux; extirper les craintes et les espérances qui tiennent à l'égoïsme et qui concentrent les affections dans la sphère étroite de la personnalité; rendre inutiles et superflues l'émulation, les récompenses et les peines qui excitent l'orgueil, l'ambition, l'envie, la cupidité, et qui nourissent les inclinations basses et perverses; faire aimer le bien pour le bien; faire trouver le prix de la vertu dans la vertu même; faire en sorte que la bonne conduite devienne habitude, disposition naturelle, et soit, pour ainsi dire, identifiée avec la manière d'être et d'agir; enfin rendre le travail, l'ordre et la sagesse aimables par leurs seuls attraits : tels ont été les principes que notre philantrope écossais a constamment professés et appliqués, et dont ses expériences, longues et multipliées, lui ont confirmé la bonté.

Pendant que M. Owen me développe ainsi sa théorie, et que je prends des notes au crayon pour conserver un souvenir fidèle de nos entretiens, nous parcourons sa colonie ; je voudrais retracer rapidement le tableau vivant et animé que m'ont offert les localités et les personnes placées devant mes yeux.

J'ai parlé de la longue avenue qui conduit de l'habitation de M. Owen à New-Lanark. La façade extérieure des maisons de la colonie est régulière, d'une architecture simple, mais élégante, et leurs distributions intérieures sont parfaitement appropriées à leur destination. Sur notre gauche, s'élèvent plusieurs corps de bâtimens adossés au coteau : les uns renferment beaucoup de chambres ou de petits appartemens séparés, pour un ou deux ouvriers, pour un ménage composé d'un mari avec sa femme et un ou deux enfans, pour une famille plus ou moins nombreuse ; les autres renferment, dans les étages supérieurs, des magasins de provisions de tout genre pour la colonie, et, dans la partie inférieure, des boutiques, où, à certaines heures de la journée, les ouvriers des ateliers ou leurs femmes viennent acheter les objets dont ils ont besoin.

Chaque ouvrier isolé ou chaque famille a son crédit ouvert, et peut recevoir des denrées et des effets jusqu'à concurrence de la somme qu'il doit gagner par son travail du mois. On accorde quelquefois des avances nécessitées par des circonstances extraordinaires, par un accident imprévu, par une maladie, par la naissance d'un enfant, par un petit voyage pour des affaires de famille; ces avances sont proportionnées aux besoins qu'éprouve l'habitant de la colonie qui les demande, et à la bonne opinion qu'on a de lui, d'après sa conduite et son travail. Les provisions de tout genre sont toujours choisies avec soin, d'une bonne qualité, d'un prix modéré, et de la même qualité pour tous les colons sans distinction.

Indépendamment de deux vastes maisons pour les ouvriers et leurs familles et du grand bâtiment séparé qui sert de magasin, trois autres corps-de-logis, également réguliers et d'une propreté remarquable, s'élèvent sur la droite de l'avenue: d'abord une grande manufacture à six étages pour la filature et les métiers; puis une belle maison, précédée d'une cour spacieuse, pour les enfans des deux sexes, où sont des salles d'instruction, d'exercices, de prières; enfin, un peu plus loin, auprès d'un canal qui communique à la Clyde, une maison encore en construction, où l'on doit établir une cuisine commune et un réfectoire commun pour les ouvriers non mariés, et qui n'ont point leurs parens avec eux, et pour tous les colons qui voudront en profiter.

Une infirmerie à laquelle sont attachés un médecin et un chirurgien, et où l'on vaccine les enfans, renferme maintenant trente-huit malades, sur environ deux mille trois cents personnes, dont trois cent cinquante enfans, qui composent la colonie. Près de dix-huit cents ouvriers travaillent dans les ateliers; les autres s'occupent des jardins potagers et des soins du ménage. Le nombre des femmes excède d'un tiers celui des hommes. Tous les colons, quoique libres de quitter l'établissement, s'y attachent, comme à leur famille, et y restent volontairement, parce qu'ils s'y trouvent heureux. Près de deux cent cinquante ouvriers externes viennent, du village de l'ancien Lanark, prendre part aux travaux.

Bientôt le signal d'une cloche rappelle les ouvriers des deux sexes aux ateliers, et les enfans à l'école; mais plusieurs sont arrivés quelques minutes avant l'heure fixée; toutes les figures et les démarches annoncent la santé, le contentement, l'activité. Les vêtemens sont simples, mais propres; seulement, suivant l'usage écossais, la plupart des enfans et quelques jeunes ouvriers ont les jambes et les pieds nus; chacun des enfans que nous rencontrons s'approche avec empressement de M. Owen, lui présente son visage, et reçoit de lui une caresse. Un sentiment d'affection, de liberté, de bonheur, caractérise cet hommage rendu au père commun de la famille et au chef de la colonie.

Nous visitons d'abord la maison d'étude, qu'on pourrait appeler à juste titre la maison joyeuse, tant la joie éclate dans tous les regards et sur toutes les physionomies! Nous passerons ensuite aux ateliers, pour voir les travaux de la filature en pleine activité.

Dans la première classe, les plus petits enfans sont exercés à prononcer distinctement les lettres de l'alphabet. M. Owen blâme néanmoins la méthode ordinaire d'enseigner les lettres et les mots avant les choses; il veut d'abord former, exercer l'intelligence. C'est dans l'intervalle de dix-huit mois à trois ans qu'un enfant apprend le plus de choses par le simple exercice des sens: il s'agit de bien diriger cet exercice. Les enfans de la seconde classe commencent à lire dans les livres; ceux de la troisième classe, à écrire en gros caractères. Puis ils apprennent l'arithmétique, et sont familiarisés avec toutes les opérations du calcul, si propres à donner de la rectitude à l'esprit. Les plus grands reçoivent aussi des leçons de géométrie, science dont les nombreuses applications, dans les arts mécaniques et industriels et dans les métiers, devraient la faire considérer, dans tous les pays, comme une partie essentielle de l'instruction primaire et commune, si généralement défectueuse ou incomplète.

Dans une classe d'histoire naturelle, qui comprend des élémens de minéralogie, de botanique et de zoologie, on place devant les yeux des enfans, des images d'animaux, de plantes, de minéraux; on leur montre un chien, un cheval, un bœuf, un oiseau, un arbre, une fleur, une pierre; on leur expose quelques notions sur l'animal ou l'objet présent devant eux, sur les propriétés dont il est doué, sur l'usage qu'on en peut faire, ou sur le parti que l'industrie humaine peut en tirer; puis on leur fait des questions sur la leçon qu'on vient de leur donner. Ils répondent en chœur, à l'envi l'un de l'autre, avec justesse et intelligence.

Dans une autre classe élémentaire pour la géographie, les enfans des deux sexes, réunis et placés par couple, une petite fille à côté d'un petit garçon, répondent à différentes questions sur la simple vue d'une carte muette, où sont tracés, sans aucun nom de lieux, les linéamens des pays qu'on fait étudier, les chaînes de montagnes, cours des rivières, etc. Le maître dirige une baguette sur un point, les enfans prononcent en chœur le nom de la contrée, ou de la montagne, ou du fleuve qui leur indique le point touché par la baguette. Cet enseignement géographique, aussi amusant qu'instructif, exerce à la fois l'attention, les yeux, l'intelligence, la mémoire.

L'enseignement de l'histoire est donné, pour ainsi dire, par les sens, au moyen de machines ingénieuses, de vastes et grands tableaux, suspendus à la muraille, et qui se déroulent par siècles; chaque siècle présente dans le cadre qu'il embrasse, et pour le peuple dont on s'occupe, les événemens importans, les personnages célèbres, les progrès de l'industrie et des arts, la peinture fidèle des instrumens aratoires, des outils, des costumes, des armes, des édifices, ou des monumens remarquables, qui appartiennent à telle époque ou à telle nation. La curiosité des enfans est tour à tour excitée et satisfaite par la vue de ces tableaux, successivement exposés à leurs yeux, qui fixent dans leur imagination et dans leur mémoire des notions précises sur les faits, les usages, et les hommes qu'on veut leur faire connaître. On leur rend surtout familière l'histoire de leur patrie, et celle des vastes contrées où s'étend la domination anglaise. Les enfans arrivent dans chaque classe deux à deux à la file, précédés par deux de leurs camarades qui jouent de la flûte. Les piquets ou pivots servent de points d'appui pour leur division en sections ou pelotons.

Nous assistons à une classe de chant. Des voix pures, douces et harmonieuses; des chants variés, tour à tour vifs et joyeux, ou simples et touchans; de petites chansons à la portée des enfans, faites exprès pour eux, et qui s'appliquent à des scènes de la nature, ou à des situations de la vie qui leur sont familières et qui les intéressent, donnent à cette instruction tous les caractères d'une fête de famille.

Arrivés dans la salle de danse, nous voyons vingt enfans divisés en couples, d'un petit garçon et d'une petite fille chacun, qui dansent en mesure au son d'une musique animée. La plupart ont les jambes et les pieds nus. Nous remarquons même quelques petits garçons en cotte ou en jaquette écossaise, sans culotte, bas ni souliers, avec un simple tablier qui descend un peu au-dessous du genou. Quoiqu'il paraisse y avoir peu de propreté sous ce rapport, on nous assure que ces enfans, qui sont habitués et presque obligés de se laver les pieds au moins deux fois par jour, sont tenus fort proprement, et deviennent plus agiles et plus robustes. Ils ont pour cet effet, à leur usage, trois grands bains couverts, dont un chaud et deux froids.

On nous conduit à la leçon *gymnastique*, animée par une joie bruyante, et soumise néanmoins à des mouvemens réguliers : elle consiste en évolutions et en exercices, très-propres à développer, à fortifier les enfans, et à les délasser utilement des études et des travaux sédentaires.

La distribution et *l'emploi du tems* sont réglés de la manière suivante, pour chaque intervalle de vingt-quatre heures : sept heures de sommeil ; une demi-heure employée par les enfans, suivant la profession religieuse de leurs parens, aux prières et aux exercices de leur culte ; une demi-heure pour les soins donnés à la toilette et à la propreté ; dix heures de leçons dans les classes ou de travail dans les ateliers ; six heures pour les repas, les exercices du corps ou les récréations.

On ne donne point une *instruction religieuse* spéciale pour aucune secte; mais on laisse entièrement aux parens le soin et la liberté de diriger à leur gré la croyance et les pratiques religieuses de leurs enfans. Des lectures appropriées à leur intelligence éveillent et nourrissent en eux des sentimens simples, purs et sincères d'amour de Dieu et du prochain. Les discours, les leçons et les exemples de leurs parens leur donnent ensuite une direction déterminée. Mais la plus entière tolérance, la plus douce union sont au nombre de leurs habitudes morales; et deviennent en eux des vertus pratiques qu'on n'a même aucun besoin de leur enseigner.

On éprouve aussi, en Angleterre et en Écosse, mais moins qu'en France, la disette de bons livres pour le premier âge, et pour les jeunes gens des classes pauvres et industrieuses. Ici, quelques extraits de l'*Ancien* et du *Nouveau Testament* fournissent des sujets de lectures religieuses, par lesquelles on s'occupe beaucoup plus d'inculquer les préceptes de la charité et de la morale chrétiennes, qui rapprochent les hommes, que d'insister sur les dogmes, trop souvent inintelligibles, qui les divisent et les rendent ennemis. Indépendamment de ces extraits des saintes Écritures, plusieurs petites biographies de marins, de militaires, même d'agriculteurs, d'artisans, de simples ouvriers qui sont parvenus à se créer, par leur bonne conduite et leur travail, une position honorable et avantageuse dans la société, offrent aux enfans d'utiles exemples, et nourrissent dans leurs ames l'émulation et l'amour du bien, en leur ouvrant la perspective des carrières qu'ils peuvent être appelés à parcourir, et des succès auxquels ils peuvent prétendre. On ne les excite point à sortir de la sphère dans laquelle ils sont placés; mais on leur fait entrevoir comment cette sphère elle-même renferme et peut développer tous les moyens raisonnables d'activité bien employée, d'aisance et de bonheur. L'opinion de M. Owen sur l'égalité, n'est point de faire descendre l'homme, et de l'abaisser, pour ainsi dire, à ses yeux, mais de lui montrer les degrés par lesquels il peut s'élever; de le pénétrer du sentiment de sa dignité; de lui faire apprécier toute la puissance de l'instruction et de la vertu; de lui inspirer une noble confiance exempte de vanité, d'orgueil et d'égoïsme; de lui donner la conscience de ses facultés et de ses ressources personnelles, de ses devoirs, de ses véritables intérêts; enfin de lui apprendre à se suffire à lui-même.

L'instruction, qui comprend les différentes leçons que nous avons indiquées, et de plus, pour les filles, les ouvrages à l'aiguille et les travaux convenables à leur sexe, est payée par les parens à raison de trois schillings (ou 3 fr. 75 cent.), par enfant et par année. Ce prix est trop modéré pour qu'un enfant soit privé des leçons; et il suffit pour faire mieux apprécier aux familles, par un léger sacrifice, tous les bienfaits de l'instruction étendue et soignée que reçoivent leurs enfans. La réunion des mêmes leçons élémentaires, dans les autres établissemens d'éducation d'Angleterre, ne coûterait guères moins de 20 ou 25 livres sterling par an (500 ou 600 fr.). Les maîtres et les maîtresses sont au nombre de vingt : leurs traitemens, suivant les objets qu'ils enseignent, varient depuis 60 ou 75 fr. jusqu'à 100 et 120 fr. par mois. Les enfans sont admis, après leur dixième année, dans les ateliers; ils consacrent encore quelques heures par jour à leurs études, et gagnent alors près de 2 schillings et demi ou 3 schillings (3 fr. ou 3 fr. 75 cent.), par semaine.

Je pourrais maintenant conduire avec moi le lecteur dans les salles des manufactures, qui sont toutes également propres, bien aérées, exemptes d'odeurs désagréables et malsaines. J'aurais à faire remarquer la variété des travaux, l'air de contentement des travailleurs; plusieurs procédés ingénieux, en partie de l'invention de M. Owen, pour monter rapidement le coton brut aux divers étages, et pour en descendre le coton filé; pour nettoyer le coton, au moyen d'une machine appelée *diable*, à laquelle est adapté un ventilateur qui fait expulser la poussière par une ouverture ménagée dans la muraille, en sorte que cette poussière n'incommode jamais les ouvriers, qui jouissent d'un air pur et d'une respiration libre. Nous aurions à visiter la fonderie et la forge, les ateliers des charpentiers, des menuisiers, des tourneurs, des peintres, des vitriers; car tout ce qui est nécessaire aux colons pour leur bien-être et pour leurs travaux, se fait par eux-mêmes et dans la colonie. On y fabrique environ trente mille livres pesant de coton par semaine. Le coton brut est transporté de Glasgow, où il arrive directement par la mer, et dans des bâtimens qui remontent la Clyde. Le coton filé, réuni en pelotons de dix livres l'un, enveloppé dans des paquets bien ficelés, est expédié à Glasgow, puis dans l'intérieur de l'Angleterre, ou au dehors, à Hambourg, à Pétersbourg, etc.

Dans la filature, des marques à quatre faces, de quatre couleurs différentes, blanche, jaune, bleue et noire, placées auprès de chaque métier, servent à indiquer sur-le-champ comment se conduit et travaille chaque ouvrier, *bien*, *assez bien*, *médiocrement*, ou *mal*. Nous avons observé avec satisfaction, mon compagnon de voyage et moi, que presque toutes ces marques étaient tournées du côté de la face blanche; c'est le signe de la meilleure conduite, et de la plus grande application. Nous avons vu peu de marques jaunes, encore moins de bleues, et pas une seule noire. La plupart des curieux, au nombre d'environ dix-huit cents, qui sont venus visiter la colonie cette année, n'ont pu s'empêcher d'exprimer leur étonnement de ce qu'il y ait si peu de sujets de plaintes dans les ateliers où tant de personnes sont réunies, et où la discipline est si peu sévère. Les hommes faits gagnent environ 12 schill. (15 fr.), par semaine; les femmes, 8, 9 ou 10 schill.; les petites filles, suivant leur âge et leurs occupations, depuis 3 jusqu'à 8 et 9 schill. Les ouvriers forgerons, charpentiers, maçons et autres, gagnent environ 2 schill. et demi (3 fr. 75 cent.), par jour.

Le mélange des deux sexes ne donne lieu à

aucun désordre; il en résulte seulement quelques mariages, chaque année, et presque toutes ces unions sont heureuses, parce qu'elles sont bien assorties. Le mélange des individus de communions religieuses différentes, dont le plus grand nombre appartient à l'église presbytérienne écossaise, quelques autres à l'église anglicane, à la secte des méthodistes, à celle des anabaptistes, des quakers, des indépendans, etc., ne produit entre eux ni divisions, ni esprit de prosélytisme et d'intolérance, ni indifférence pour le culte dont chacun fait profession.

Les dimanches sont entièrement consacrés au repos. Le soin de nettoyer et de ranger les effets et le linge, quelques lectures pieuses, des exercices de religion, quelques promenades, procurent un emploi utile et agréable du tems. Les cabarets, les jeux bruyans, la danse troubleraient la sainteté d'un tel jour. Les ménages établis dans la colonie ont de petites portions de terre qui leur sont affectées, et cultivent des légumes pour leur usage.

Une grande mécanique, mise en mouvement par l'eau, fait aller tous les métiers; on n'emploie point de machines à vapeur. M. Owen me fait observer qu'au moyen des inventions mécaniques, appliquées aux filatures et à d'autres branches d'industrie, deux cent quarante mille personnes font maintenant le travail qui exigerait vingt-huit ou vingt-neuf millions de bras par les anciens procédés. Les progrès toujours croissans de la mécanique et de la chimie changent le monde moral. La production devient très-supérieure à la consommation : la population doit s'accroître dans une proportion dont il est difficile d'assigner les limites.

J'aimerais à reproduire ici toutes les vues de bien public dont m'a entretenu M. Owen. J'ai cru devoir surtout exposer en détail ce qui caractérise l'esprit général de sa colonie, et le genre d'éducation et d'instruction qu'on y donne aux enfans. Leur vie physique et gymnastique est favorable à leur santé ; leur vie religieuse, morale et sociale est exempte de désordres, de vices, et d'actions mauvaises ou criminelles ; leur vie industrielle exerce utilement leur intelligence, et les prépare convenablement pour la sphère dans laquelle ils doivent exister.

Le fondateur de New-Lanark, qui croit n'avoir jamais fait assez, quand il voit encore quelque bien à faire, et qui voudrait que son heureuse colonie ne fût pas une exception dans la société, mais un modèle mis à la portée de tous ceux qui voudraient se l'approprier et le reproduire, a fait, en 1819, un voyage au congrès d'Aix-la-Chapelle, pour faire adopter, par les puissans monarques qui s'y trouvaient réunis, une partie de ses vues philantropiques. Il avait publié alors un *Mémoire*, imprimé à la fois dans les trois langues, anglaise, française et allemande, *adressé aux gouvernemens de l'Europe et de l'Amérique* (1). On doit respecter cette noble et touchante illusion d'un philantrope, qui sent avec énergie tout le bien que pourraient faire les chefs de gouvernement, si leurs immenses moyens de pouvoir et d'influence étaient bien employés. Aujourd'hui, forcé de se renfermer dans une sphère plus bornée, il a le projet d'établir une colonie agricole, dans laquelle, éclairé par l'expérience de sa colonie industrielle, il espère pouvoir introduire de nouveaux perfectionnemens et offrir un modèle plus parfait du beau idéal dont il tend toujours à se rapprocher. Tous les hommes de bien doivent seconder puissamment M. Owen pour l'exécution de ses vues. Ce qu'il a déjà fait, prouve ce qu'il peut faire encore.

---

(1) Francfort-sur-le-Mein, 1819, imprimerie d'André, in-4° oblong de 6 pages.

Son gouvernement, ses compatriotes, les étrangers, qui sont unis par un sentiment d'affection aux intérêts de l'humanité, doivent lui faciliter la noble tâche qu'il a entreprise. Il s'agit d'éloigner peu à peu, sans nuire à qui que ce soit, les causes qui produisent la misère humaine, les désordres et les vices que cette misère entraîne à sa suite, et de faire servir au meilleur emploi des hommes, une direction mieux entendue donnée à leurs travaux, une répartition plus égale des connaissances dans les classes pauvres et ouvrières, aux progrès de la civilisation et de la vertu.

M.-A. JULLIEN, de Paris.

DÉDICACE

A ROBERT OWEN,

ÉCUYER.

Mon père, je vous offre mon premier ouvrage parce que j'y explique le principe de beaucoup de mes sentimens pour vous, et la manière dont s'est formée une grande partie de mon caractère.

En m'apprenant à penser, vous m'avez fait étudier les principes qui sont intimement liés aux premiers intérêts de l'espèce humaine, et j'ai reconnu que cet examen, non-seulement m'avait été profitable, mais qu'il m'avait procuré de grandes jouissances.

J'ai vu ces principes mis en pratique, et j'ai rendu témoignage des bons effets qu'ils ont produits ; j'en ai vu l'application contrariée par des circonstances qui leur étaient opposées, et qui semblaient devoir rendre l'expérience incomplète ; mais ces difficultés avaient été prévues, et elles ont été surmontées par les principes eux-mêmes.

C'est avec plaisir que j'ai appris l'intention où vous êtes de commencer des expériences plus parfaites, dans lesquelles l'accord de la théorie et de la pratique pourra être plus uniforme ; il est nécessaire de prouver au monde que vos principes sont effectivement fondés sur les faits et sur la vraie religion.

Cependant, les nouveaux succès de votre système augmenteront difficilement la conviction que j'ai déjà, qu'il serait facile de faire disparaître peu à peu la misère et les vices qui désolent la terre.

R.-D. OWEN.

INTRODUCTION.

Le système d'éducation suivi à New-Lanark ne ressemble à aucun de ceux qui ont été adoptés dans quelque institution que ce soit de l'Angleterre, ou des autres parties du monde.

En l'examinant, on pourra s'y intéresser, parce qu'il offre des effets produits sur de jeunes esprits par des combinaisons, dont quelques-unes sont nouvelles, et presque toutes modifiées par les principes généraux sur lesquels ce système est fondé.

Il est peut-être nécessaire de prévenir que la méthode qu'on a employée pour développer les facultés de l'esprit humain, à un âge peu avancé, ne peut, sous aucun rapport, être considérée comme entière et complète. Elle est encore défectueuse ; et dans les résultats obtenus on doit voir, non ce que pourrait produire un système d'instruction arrêté et bien établi ; mais seulement une preuve encourageante de ce qu'on pourrait espérer d'une instruction à peu près semblable, abstraction faite des causes de retard, et des préjugés nombreux qu'on aurait à combattre.

Les difficultés qu'on éprouve dans un essai de cette nature, seront appréciées par ceux qui ont été à même de reconnaître, et les obstacles qu'il faut surmonter dans l'introduction d'un système nouveau, quelque avantageux qu'il puisse être, et la ténacité avec laquelle les vieilles habitudes, les anciennes idées s'opposent à tout ce qui ressemble à une innovation.

Les personnes impartiales donneront aux considérations suivantes leur véritable valeur.

Les enfans vivent chez leurs parens et ne restent guère à l'école que cinq heures par jour seulement; par conséquent la fréquentation de personnes qui n'ont pas reçu la même éducation, peut être d'une très-grande influence, surtout lorsque ce sont des parens, des voisins , des compagnons plus âgés ; toutes personnes que, par égard pour leurs titres et leur expérience, les enfans considèrent comme devant être les modèles de leurs habitudes et de leurs mœurs.

Il était très-difficile de se procurer des maîtres qui, aux connaissances requises, puissent réunir les qualités de mœurs et de caractère si essentielles dans un homme qui instruit la jeunesse, et si difficiles à rencontrer, dépouillées de ce pédantisme qui empêche les instituteurs de regarder leurs élèves comme de jeunes amis ; il fallait des professeurs disposés à converser familièrement avec leurs écoliers, à descendre à leur portée d'entendement, à se mêler quelquefois même à leurs amusemens, et qui ne fussent point éloignés de se laisser instruire et diriger eux-mêmes dans notre système lorsque cela devenait nécessaire.

Une considération non moins importante, c'est que les parens usent, dans leur propre intérêt, de la faculté qui leur est réservée, d'envoyer leurs enfans dans les ateliers dès l'âge de dix ans, et arrêtent ainsi, à une époque importante, l'éducation qui demeure souvent incomplète. A la vérité, les classes sont ouvertes le soir aux jeunes gens que leur âge permet d'employer dans les manufactures; mais beaucoup d'entre eux ne peuvent s'y rendre régulièrement, et d'ailleurs on conçoit qu'après dix heures d'un travail assidu, ceux qui viennent assister aux leçons ne peuvent y apporter la même application, ni tirer autant de fruit de leurs études que ceux qui y donnent le jour entier.

Beaucoup d'enfans, antérieurement à leur admission dans les écoles, ont été dans le cas de prendre, dès l'âge le plus tendre, de mauvaises habitudes, de contracter même des défauts, que leurs parens n'ont eu ni la faculté de reconnaître ni les moyens de prévenir.

Enfin, nous devons faire observer que plusieurs des dispositions nécessaires pour compléter ce système, sont encore susceptibles de progrès et doivent subir beaucoup de changemens avant de pouvoir être adoptées définitivement.

ESQUISSE

DU

SYSTÈME D'ÉDUCATION

SUIVI DANS LES

ÉCOLES DE NEW-LANARK.

AVANT d'examiner les détails de l'administration des écoles de New-Lanark, il paraît convenable d'établir les principes généraux qui y sont suivis.

La douceur est le seul moyen qu'on emploie pour conduire les enfans; on les stimule au travail, non par des distinctions, mais par le désir qu'on fait naître en eux d'apprendre ce qu'on leur enseigne.

Toutes les récompenses ou *punitions quelconques* (excepté celles que la nature elle-même a mises à notre disposition, et sans lesquelles aucun système ne peut être suivi),

3

sont écartées avec soin, comme étant généralement *injustes* en elles-mêmes, et *dangereuses* dans leurs effets :

Injustes, puisque d'un côté on accorde tous les avantages, toutes les distinctions aux individus que la Providence semble avoir pris plaisir à douer de talens, de dispositions heureuses, à entourer de parens et de sociétés, dont le caractère a favorisé le développement de ces qualités ; tandis que de l'autre on fait peser les châtimens sur ceux qui, moins fortunés, et moins favorablement traités par la nature, sont déjà vicieux, ignorans, mal conformés, enfin sur des êtres que le malheur s'est plu déjà à opprimer ;

Dangereuses, en ce qu'un caractère hardi, entreprenant, devient ou orgueilleux et tyrannique, ou vindicatif et dissimulé, et qu'un esprit faible, auquel on donne trop d'assurance sur ses facultés, ou qu'on décourage par l'idée de son incapacité, se dégoûte et perd cette élasticité d'esprit d'où dépendent beaucoup de nos bonnes actions ;

ce ressort est détruit aussitôt qu'un individu *est*, ou *croit être* au-dessous de ses compagnons, et que, déjà rebuté par les châtimens, il se voit négligé par tous ceux qui l'entourent.

On pourrait examiner la question de savoir lequel de ces deux moteurs, les *récompenses* et les *punitions*, est le plus préjudiciable dans ses effets sur le caractère humain, et produit le plus de maux : l'un en donnant naissance à l'orgueil, à la vanité, à l'ambition désordonnée, produit tous les sentimens et les passions déraisonnables; l'autre, en abaissant le caractère, détruit l'énergie de l'individu.

Les défenseurs de chacun de ces systèmes diront « que les *distinctions* apparentes, » les avantages accordés aux élèves les plus » favorisés, leur causent souvent plus de » maux réels, plus de désagrémens, que » les mortifications et les *châtimens* infligés » à ceux de leurs compagnons qui paraissent » moins heureux, et qu'ainsi tout tend à » établir l'équilibre entre les avantages po-

» sitifs qui résultent de chacun d'eux. » Mais cet argument n'est point la défense du système : c'est seulement chercher à établir sa justice, au détriment de son utilité.

Nous avons dit que les *récompenses* et les *châtimens* étaient exclus de ces écoles, excepté ceux que la nature elle-même a établis. Par punitions et récompenses *naturelles*, nous entendons les *conséquences nécessaires*, immédiates ou éloignées, d'une action quelconque.

Si le bonheur est « la fin que doit se proposer notre être », si tout ce qui tend à cette fin est *bien*, et que ce qui a une tendance contraire soit *mal*, nous obtiendrons une définition simple et intelligible du bien et du mal; ce sera celle-ci : « Toute action » qui, dans ses dernières conséquences, » accroît le bonheur général est *bonne;* au » contraire, celle qui tend à le diminuer » est *mauvaise.* » Proposition à la fois claire en elle-même, encourageante dans ses applications et qui sera rarement combattue, excepté par ceux qui sont peu accoutumés à pénétrer dans un sujet, ou par ces esprits confus qui, ne prêtant pas d'intention aux mots, prennent les *moyens* pour la *fin*, et donnent à ces moyens une importance qui ne leur appartient qu'autant qu'ils conduisent à la fin même; grand objet de nos recherches, moteur secret de toutes nos actions.

D'après ce principe, un fait, quel qu'il soit, est suivi d'une récompense ou d'une punition *naturelle ;* et une connaissance précise, une conviction éclairée des conséquences nécessaires de chaque point de conduite est suffisante, quelque sceptique qu'on puisse être sur ce sujet, pour diriger l'enfant vers la route qu'il doit suivre, pourvu que la justice commune lui soit exposée, pour ainsi dire, en regard des circonstances qui l'environnent dès l'âge le plus tendre.

On doit s'attacher à persuader à l'élève combien son propre bonheur est intimement lié au bonheur général, et cette tâche n'est point difficile. La première impression une fois donnée, la nature rendra les progrès faciles et prompts; elle confirmera elle-même cette impression, et la fixera d'une manière indélébile dans les jeunes esprits. Les récompenses qu'elle accordera augmenteront la satisfaction intime, sans faire naître ni orgueil ni envie. Les punitions qu'elle infligera seront toujours de sages avertissemens; mais elles ne seront suivies ni du découragement ni du dégoût.

L'étude de la nature de l'homme prouve qu'il est destiné à vivre en société. Les plaisirs résultant de la pratique des vertus sociales, formeront dans son esprit un contraste frappant, et si continuellement présent, avec les vices de mœurs et de caractères, qu'il croira en démence l'individu qui hésiterait dans le choix de la conduite qu'il doit tenir. Il sera persuadé que des principes d'une si grande évidence pour lui, devraient l'être également aux yeux de chacun.

L'homme vertueux, se sentant irrésistiblement entraîné dans le chemin qu'il a adopté, et dans lequel chaque jour, à chaque instant, il trouve de nouveaux sujets de satisfaction, cherchera vainement à concevoir ce qui peut fasciner les yeux, troubler l'intelligence de celui qui suit une route opposée, au milieu de tant de périls, de difficultés qui le trompent sur la *fin* qu'il se propose; il ne pourra concevoir l'espèce d'aveuglement de celui qui, employant tous ses moyens à augmenter son mal-être, éloigne de lui un bonheur vrai et durable, pour saisir un plaisir momentané, si toutefois on peut appeler plaisir ce qui, après l'expérience, nous laisse plus mécontens et plus misérables qu'auparavant.

Et en effet sa surprise serait bien naturelle, s'il n'était pas muni des connaissances nécessaires pour expliquer ce qui paraît si évidemment contraire aux premières données de la nature humaine; mais ces connaissances le rendront capable de rechercher l'origine de ces contradictions dans le système d'éducation suivi, généralement parlant, dans le monde entier.

Dans les institutions où l'on emploie des *récompenses artificielles* et des *châtimens*, les notions données à l'enfance sur le *bien* et sur le *mal* sont confuses, *parce qu'on substitue ces notions mêmes, aux conséquences naturelles qui doivent résulter de la conduite de l'individu;* dans plusieurs circonstances, l'esprit du jeune écolier est tellement imbu de notions peu charitables, que tout ce qu'on lui a appris à considérer comme mal, lui semble devoir mériter un châtiment immédiat; alors il se trouve injustement traité, s'il n'est pas récompensé proportionnellement à ce qu'il croit avoir fait de bien; et il faudra presque un miracle pour que son esprit ne devienne pas plus ou moins déraisonnable, ou pour que, s'il choisit une route, celle qui lui a paru si avantageuse soit rejetée.

Les principes qui règlent l'instruction à New-Lanark ont exclu de telles idées. L'enfant qui se conduit mal, inspire plutôt la pitié que le blâme (1). Ses instituteurs sont prévenus qu'une connaissance pratique des effets de sa conduite, est tout ce qui est nécessaire pour l'engager à la changer, et cette connaissance, ils s'empressent de la lui donner. Ils lui rendent palpable le lien intime, inséparable et immédiat de sa propre félicité, avec le bonheur de ceux qui l'entourent; principe qui n'a besoin que d'être développé pour paraître évident à un esprit sain, et dont l'observation pratique est trop douce pour être abandonnée en faveur d'un système moins profitable et moins généreux.

Dans le cas où des représentations sont nécessaires, elles sont faites avec douceur et charité, comme venant de l'élève le plus avancé, à celui qui a moins d'expérience. Le premier ayant appris en quoi consiste le véritable intérêt, sait que si l'individu qui n'a pas agi convenablement, eût fait

(1) Ce sentiment généreux était celui de M. de Fénelon.

usage des connaissances et des moyens qui lui ont été donnés pour former son caractère, il eût, indubitablement, exclus de son esprit, des faiblesses d'où naissent ses actions blâmables, parce que ces connaissances lui eussent fait sentir que de telles actions ne tendaient qu'à diminuer son propre bonheur.

Ces faiblesses elles-mêmes prouveraient que ces connaissances et ces moyens lui ont été refusés. Telle serait, du moins, la conséquence que nous voudrions déduire d'une pareille conduite, dans des circonstances semblables à celles que nous avons décrites.

Supposons un voyageur, désireux d'atteindre le terme de son voyage. Il est jeune, inexpérimenté, et absolument étranger au pays qu'il doit parcourir. Deux routes se présentent à lui : l'une est unie et agréable; à chaque pas, on découvre quelque point de vue nouveau et animé; cette route conduit directement au but que notre voyageur se propose; s'il la suit, il rencontrera des compagnons aimables et intelligens, tous marchant dans une même direction, et empressés de lui donner des conseils et des secours. L'autre route, quoique au premier abord elle n'ait rien de désagréable, devient bientôt rude, dangereuse, elle traverse un pays aride, nu; la vue ne rencontre que des objets qui inspirent l'effroi, le découragement; celui qui la suivra sera continuellement attaqué par des assassins; il doit s'attendre à trouver dans chacun de ceux qu'il rencontrera, ou un rival ou un ennemi; ses compagnons de voyage sentiront qu'il est de leur intérêt de l'égarer, car ils savent que les gîtes sont rares, mal approvisionnés, et qu'un camarade survenant, diminue d'autant leurs ressources; cette route si dangereuse et si difficile à parcourir, change imperceptiblement de direction; elle éloignera de plus en plus le malheureux voyageur, si toutefois il échappe aux périls qui l'ont assailli, du lieu de sa destination, et enfin, le conduira dans un pays étranger, barbare, où il arrivera désespéré, fatigué, mécontent de lui-même, de ses compagnons, dégoûté de son voyage, et également effraye de l'idée de le continuer, ou de revenir sur ses pas.

Cependant, notre voyageur choisit ce dernier, de préférence à l'autre. Maintenant, pouvons-nous supposer qu'il soit possible qu'en faisant son choix, il l'ait fait avec connaissance?

Nous admettons qu'il a fait un choix, et que préférant le mal, il a rejeté le bien; mais pouvons-nous reconnaître *qu'il a lui-même établi la préférence qu'il a donnée, qu'il a volontairement formé un jugement faux*, et qu'il mérite d'être puni d'une telle erreur?

Ne devrions-nous pas plutôt conclure que, ne connaissant pas de quelle importance était son choix, le voyageur s'en est rapporté au hasard, ou qu'il a été trompé par une inspection trop légère de l'aspect général du pays? Pouvons-nous éviter de remarquer que des circonstances indépendantes de sa volonté, et qu'il ne pouvait ni détourner ni arrêter dans leur cours, ont nécessité sa préférence?

Et si nous entreprenions de le faire rentrer dans le droit chemin, notre langage devrait-il être celui de la colère ou de la violence? Devrions-nous employer des moyens artificieux pour l'engager à changer de route? Au contraire, nous devons reconnaître qu'une telle conduite lui ferait suspecter notre désintéressement, et que nous l'affermirions dans sa première résolution. Si même, dans l'intention de le soustraire aux périls qui le menacent, nous employions la force pour lui faire suivre le sentier qu'il eût dû choisir, ne serait-il pas très-probable qu'aussitôt qu'il serait débarrassé de notre présence importune, il se jetterait dans le premier chemin de traverse qui s'offrirait à lui, pour retourner à sa première entreprise?

Combien il serait plus facile d'arriver à la fin qu'on se propose, par un exposé simple des faits, dans lequel on n'emploierait ni violences, ni moyens étrangers! Combien notre conduite serait plus sage, si nous cherchions, au moyen d'une carte du pays, à prouver au voyageur la certitude que nous donnent nos connaissances, ou si nous l'engagions à s'informer de ceux qui pourraient revenir de la route qu'il voulait parcourir, si elle leur avait paru facile et directe! Alors il s'instruirait du véritable état des choses, et nous pourrions lui persuader de nous suivre dans une meilleure voie, en ne sollicitant de lui rien autre chose que de regarder, d'écouter, et de juger ensuite par lui-même.

Arrivés à ce point, je crois qu'il serait impossible que, même avec une connaissance bornée de la nature humaine, nous ne pussions pas prouver à notre voyageur, jeune, inexpérimenté, ignorant, comme nous l'avons supposé, notre sincérité dans les avis que nous lui donnions ; et je suis également certain que, si nous nous conduisions ainsi, et qu'il goûtât nos principes, *il ne pourrait plus de son propre choix se rendre malheureux au lieu de faire son bon-*

heur; s'il en était autrement, le désir du bonheur ne serait plus une loi universelle de notre nature.

Dans l'hypothèse ci-dessus, le jeune homme commençait son voyage. S'il était accompagné de beaucoup de jeunes gens de son âge, et que tous se soient engagés dans le sentier opposé à celui que nous voulons suivre, nous admettons qu'il pourrait arriver que nos avis, et même la conviction, ne fussent pas suffisans pour l'empêcher de suivre la multitude. L'homme est naturellement imitateur, et notre voyageur pourrait choisir de traverser un désert dans la société de ses camarades, bien qu'il s'exposât à des dangers, même à la mort, de préférence à faire seul un trajet, dût-il arriver à un paradis, en traversant des jardins; mais d'un autre côté, si ses compagnons suivaient la route qui conduit au bonheur, il ne serait pas nécessaire de le prévenir du danger de se séparer d'eux, et de se jeter de l'autre côté. Si enfin *l'exemple* et les *avis* étaient inutilement employés, rien, moins que l'emportement, ne serait capable d'influer sur sa conduite, et même, dans ce cas, la violence et les inductions artificielles resteront sans effet.

Nous pouvons bâtir sur un roc, et cependant nous préférons construire sur un banc de sable, qu'on a consolidé péniblement, à grands frais; mais que probablement la première crue d'eau emportera avec l'édifice que nous aurons élevé!

Observons une troupe d'enfans intimidés par la crainte du châtiment et par l'espoir de la récompense; elle prend, quoique rarement, pendant la présence du maître, ce qu'on appelle de la retenue; en apparence tout est diligence et soumission; que le maître s'éloigne, et nous verrons si la classe conservera le même aspect, où plutôt si les écoliers ne mettront pas de l'empressement à saisir l'occasion de se jeter dans l'excès opposé et de se soustraire à une contrainte si ennuyeuse?

Bien plus, persuadés comme ils le sont que le plaisir et le devoir sont incompatibles, et que par conséquent les récompenses et les punitions ne sont employées que pour leur faire suivre le devoir aux dépens du plaisir, pouvons-nous espérer que ces individus, lorsqu'ils auront un autre genre d'existence, hésiteront à saisir une jouissance présente quelle qu'elle soit, qui ne sera pas immédiatement suivie d'un châtiment? car c'est là pour eux le *criterium* du bien et du mal, et il a pris un tel empire sur leur moral, qu'il ne peut être promptement oublié ni aisément effacé de leur esprit. Croit-on que beaucoup d'individus sortent des écoles avec des impressions différentes de celles-ci? On oublierait, en faisant cette supposition, que la loi des causes et des effets s'applique à la formation du caractère humain, comme à celle d'un brin d'herbe ou de toute autre production naturelle.

Il est à peine nécessaire de faire allusion à la différence qui existera entre le caractère de ceux qui n'ont jamais été stimulés par ces moyens, et dont les actions de jeunesse ont été réglées par un principe qui opérera également quand ils seront libres. Ils sauront que la vertu conduit toujours au bonheur et que le vice ne mène qu'à un état misérable ; ainsi, ils suivront la vertu à cause de son excellence, et fuiront le vice à raison de sa difformité.

L'obstination et l'opiniâtreté sont souvent nourries, même chez des esprits généreux, par un sentiment d'indépendance qui tend à repousser toute contrainte, et l'opinion générale confirme ce sentiment. L'enfant obtient parmi ses camarades d'école, la réputation de brave, d'intrépide compagnon, qui, pour une cause bonne ou mauvaise, s'élève contre les volontés du tyran commun (car c'est trop souvent comme tel, qu'ils sont forcés de considérer leur instituteur).

Dans une école conduite d'après de justes principes, la scène est renversée. Aucun crédit n'est accordé, quand aucun risque n'a été couru ; l'opinion générale se prononce contre celui qui refuse d'obéir, ou qui élude des ordres qu'on sait ne lui être donnés que dans des vues raisonnables et auxquels on ne le contraint de se rendre que par des moyens doux et modérés.

L'obéissance n'est jamais confondue avec la poltronnerie, ainsi elle est générale ; les élèves les plus avancés et les plus bienveillans guident leurs compagnons, et ceux-ci se laissent facilement gagner par la manière douce et intelligente dont ils sont traités. Aucun parti ne se forme contre l'autorité des professeurs ; il n'entrerait pas dans l'esprit d'un enfant d'un bon naturel, d'opposer la force à la modération, ou une obstination déterminée à une douceur uniforme. Les maîtres sont aimés et on ne les craint pas ; cependant, l'espèce de familiarité qui résulte de l'affection ne nuit en rien à leur autorité, toutes les fois que les écoliers trouvent nécessaire qu'elle soit exercée. Les instituteurs et les élèves conversent ensemble après les heures d'étude ou même pendant les leçons quand cela peut être de quelque utilité; mais ils le font avec l'aisance la plus grande, la plus parfaite amitié, et de telles conversations sont considérées par les enfans comme des faveurs.

Dans l'institution de New-Lanark, ces petites conférences ont toujours lieu sur des remarques ou sur des questions faites par les enfans eux-mêmes, que souvent on pourrait considérer comme fort au-dessus de leur portée, et qui sont la plus grande preuve des bons effets de ce système d'instruction.

Ce que les enfans ont à apprendre, leur est présenté d'une manière agréable et intelligible. Le sujet est choisi avec soin, et traité de façon à les intéresser le plus possible.

Dans les lectures, dont nous aurons bientôt occasion de parler, si l'on remarque que l'intérêt ou l'attention languisse, le maître en *cherche la cause dans la lecture même* ou *dans sa manière de la faire*, plutôt que dans les enfans. C'est d'après ce principe que des exercices et des conversations partagent l'instruction lorsque cela est praticable, et ce plan, dicté par la nature, a été reconnu comme éminemment avantageux.

L'attention n'est jamais fixée trop longtems sur un même objet; une leçon pour les écoliers journaliers n'excède par trois quarts d'heure pour chaque sujet particulier.

Une contrainte inutile n'est pas imposée à ces enfans; on leur laisse toute la liberté qui peut s'allier avec le bon ordre et avec l'attention qu'ils doivent apporter à leurs exercices.

En suivant ce système avec persévérance, on ne rencontrera que de légères difficultés, pour obtenir des élèves ce qu'on leur aura demandé, même dans le cas où ils ne saisiraient pas sur-le-champ les conséquences immédiates ou éloignées de leur attention à leurs devoirs.

Lors même que les principes que nous venons d'expliquer ne seraient qu'une théorie vague, incertaine, comme tels ils seraient encore concluans. Sans la sanction de l'expérience, leur conformité avec tout ce qui nous environne, avec les premiers sentimens et les premières données de notre nature; leur donnerait encore un grand poids; mais chaque point de difficulté a été soumis à l'expérience. Ce qui a été fait dans l'école, a été examiné avant d'y être introduit. (Cependant, et on devait s'y attendre, beaucoup de parens n'ont encore pu comprendre l'utilité de ce mode d'instruction, et sont retournés à leurs systèmes de récompenses et de châtimens).

Les maîtres mêmes ne se sont habitués que par degrés à la pratique de notre méthode, qui a été attaquée, dénoncée par ceux même qui y avaient été attachés. Ce mode a été retardé par des mesures imparfaitement prises, et quelquefois arrêté par des circonstances résultant du mélange des anciens principes et des nouveaux inconvéniens inévitables dans une première tentative; et cependant les résultats que ces inconvéniens permettaient à peine d'espérer ont été obtenus, et à un grand degré de perfection.

Dans aucune institution semblable, du

moins autant que nous en avons été informés, on n'a obtenu de pareils résultats; aussi sont-ils la suite de *procédés agréables*, et pour ceux qui donnent l'instruction et pour ceux qui la reçoivent, sans cependant qu'on réprime un seul sentiment généreux et sans qu'on s'expose à produire dans la société, quand l'élève sort de nos écoles, un être immoral ou un caractère faible, indéterminé, également effrayé du mal et peu disposé au bien.

Maintenant que nous avons fait connaître les principes généraux qui régissent les écoles de New-Lanark, principes dont la discussion pourrait aisément enfanter des volumes, et par conséquent, est étrangère à notre objet, nous allons exposer au public l'esquisse des détails du plan.

La nouvelle institution ou école qui est ouverte à New-Lanark, pour l'instruction des enfans et des jeunes gens attachés à l'établissement, et qui sont au nombre d'environ six cents (1), est composée de deux étages.

L'étage supérieur, éclairé par un double rang de fenêtres placées les unes au-dessus des autres, est divisé en deux locaux.

L'un, qui est la principale salle d'étude, est garni de bancs et de pupitres, disposés sur le plan de Lancastre ; un passage, toujours libre, traverse par le milieu cette salle qui a quatre-vingt-dix pieds de long, quarante de large et vingt de haut. Cette salle est entourée, à l'exception d'une des extrémités où est placée une chaire, de galeries fort commodes, pour les fréquentes réunions qui s'y font, et dont le but est la lecture ou la prière.

L'autre local, toujours au deuxième étage,

(1) Trois cents élèves, au-dessous de l'âge de dix ans, reçoivent tous les jours des leçons qui leur sont données le matin ; on les appelle écoliers journaliers. Les autres ont dépassé cet âge, et viennent seulement le soir lorsque leurs travaux sont terminés. — Dans l'été leur nombre est souvent beaucoup moindre.

est de même élévation et de même largeur que le premier; mais il n'a que quarante-neuf pieds de long. Les murs sont couverts des principaux dessins de zoologie et de minéralogie; ils représentent des quadrupèdes, des oiseaux, des coquillages, des reptiles, des insectes, des minéraux, etc. A une extrémité de la pièce, est une galerie dans laquelle on peut placer un orchestre; à l'autre sont placées de grandes cartes des deux hémisphères; chaque pays, chaque mer, chaque île, est diversement colorié; mais aucun nom n'est indiqué. C'est là que les leçons de chant et de danse sont données tous les jours. Il arrive aussi que cette salle serve à quelques classes, pour faire la lecture.

L'étage inférieur est divisé en trois salles d'une égale étendue, et de douze pieds de haut; cet étage est soutenu par des colonnes creuses en fer, qui servent de conducteurs à la chaleur qu'elles portent dans l'appartement supérieur auquel elles aboutissent; de sorte qu'il est facile d'entretenir dans tout le bâtiment une température douce. C'est dans ces trois salles que les plus jeunes élèves reçoivent des leçons d'histoire naturelle, de géographie et de lecture.

Ici, nous ferons remarquer que probablement les leçons seraient plus faciles à donner, surtout aux classes les plus avancées, si le bâtiment comportait de petites salles propres à former des classes de vingt à trente individus, sans que cela nuisît à l'étendue de la salle de lecture, ni à celle de la salle d'étude principale.

Les deux grandes classes de garçons, de même que les deux classes de jeunes filles qui sont déjà d'âge à apprendre à lire, à écrire, etc., sont composées chacune de vingt à quarante individus. Les filles reçoivent les leçons dans un lieu séparé de celui que les garçons occupent, et ne les rencontrent qu'aux lectures générales et aux leçons de danse et de chant.

La classe des plus jeunes enfans qui est composée indistinctement de garçons et de filles, est quelquefois plus nombreuse.

Un professeur est affecté à chaque classe,

On a attaché à l'institution un maître qui enseigne à chanter et à danser, un maître d'exercices militaires et une maîtresse de chant.

Dans l'état actuel, les grandes classes apprennent à lire, à écrire, etc., dans différentes parties de la salle d'étude principale, dont l'étendue prévient la confusion ; mais comme nous l'avons observé plus haut, l'attention serait probablement plus facile à fixer, et par conséquent les progrès seraient plus prompts, si un local séparé pouvait être affecté à chaque classe. D'ailleurs, de l'étendue si grande de la salle, résulte un inconvénient qui n'est pas sans importance: c'est la difficulté de moduler la voix en lisant.

Les heures d'étude, pour l'école de jour, sont de sept heures et demie à neuf, de dix à douze et de trois à cinq de l'après-midi. L'hiver cependant, au lieu de revenir à l'école après-midi, les enfans restent, avec un intervalle d'une demi-heure dans leurs leçons, de dix à deux heures, et sont renvoyés ensuite pour toute la journée, étudiant toujours le même nombre d'heures, l'été et l'hiver.

L'âge des enfans est de dix-huit mois à dix et même douze ans. On leur permet de rester à l'école aussi long-tems que leurs parens consentent à les y laisser, quoique cependant ces derniers usent ordinairement du droit qui leur est garanti d'envoyer leurs enfans dans les manufactures dès l'âge de dix ans. Le fondateur de ces écoles désirerait que les parens n'attachassent pas leurs enfans à un travail assidu avant l'âge de douze ans, et on ne peut douter des avantages importans qui résulteraient pour les parens et pour les enfans, de l'adoption générale de cette mesure.

Les classes d'enfans de deux à cinq ans ne restent à l'école que la moitié du tems déterminé pour les grandes classes. Pendant le reste du tems, on leur permet de jouer entr'eux en toute liberté dans un vaste emplacement qui est devant l'institution et sous la surveillance d'une jeune femme qui, sans employer ni récompenses, ni châtimens, éprouve moins de difficulté à conduire, à rendre heureux et contens une centaine de ces petites créatures, que beaucoup de personnes n'en trouveraient dans une position semblable, n'ayant à faire qu'à deux ou trois enfans. Ainsi ces jeunes élèves se forment des complexions saines et robustes, et en même tems s'habituent à agir avec douceur et amitié à l'égard de leurs petits compagnons; apprenant, par leur propre expérience, que leurs plaisirs dépendent d'une telle conduite, qui se trouve en opposition avec les querelles de l'envie et les disputes de la méchanceté.

L'école est ouverte le soir aux enfans et aux jeunes personnes de l'âge de dix à vingt ans. La méthode suivie à leur égard est si semblable à celle qu'on applique le matin, qu'en décrivant l'une, nous avons donné une idée exacte de l'autre.

Le vêtement des écoliers journaliers est composé, pour les garçons et pour les filles, d'une grande robe de forte toile blanche. Cet habit est à peu près de la forme des tuniques romaines, et descend pour les garçons jusqu'aux genoux et pour les filles jusqu'aux chevilles du pied. Ces robes sont renouvelées trois fois par semaine, et peuvent par conséquent être entretenues dans la plus exacte propreté (1).

Les parens des élèves les plus âgés paient six sous par mois pour l'instruction de leurs enfans ; les jeunes écoliers ne paient rien, non plus que ceux qui prennent leçon le soir. Ce qu'on exige des jeunes gens n'a d'autre but que de les empêcher de considérer l'institution comme une école de charité. Ce tribut ne forme pas le vingtième des dépenses de l'établissement, qui sont supportées par les propriétaires.

Il a été nécessaire, pour satisfaire au désir des parens, d'enseigner les élémens de la

---

(1) Cet habillement serait bizarre en France ; mais il faut se rappeler que le costume écossais n'est pas tout-à-fait semblable au nôtre.

lecture aux enfans, dès l'âge le plus tendre ; mais on a l'intention de changer ultérieurement cette disposition, et de remplacer la lecture, jusqu'à l'âge de sept ou huit ans, par un cours régulier d'histoire naturelle, de géographie, de chimie, d'histoire ancienne, moderne, d'astronomie, etc., d'après ce principe qu'on doit suivre le plan tracé par la nature, et donner à un jeune enfant autant de connaissance qu'il en peut aisément concevoir sur la nature et les propriétés des différens objets qui l'entourent, avant de lui enseigner les signes artificiels qui ont été adoptés pour représenter ces objets. Il est également impolitique et déraisonnable de le dégoûter par une méthode qui lui paraît obscure, inintelligible et par conséquent ennuyeuse et sans intérêt, pour lui donner des connaissances qu'on aurait pu lui communiquer par des conversations, expliquer par des signes sensibles, et qui auraient fait naître le goût de la lecture et de l'écriture, devenues réellement intéressantes pour lui, comme moyen de transmettre les connaissances acquises et d'en acquérir d'autres encore.

Les différentes branches d'instruction actuellement enseignées à New-Lanark sont les suivantes :

LECTURE.

On a éprouvé de grandes difficultés à se procurer des livres d'étude pour les différentes classes. Ceux dont on se sert maintenant sont défectueux en beaucoup de points ; ils s'accordent mal avec les capacités d'enfans très-jeunes, et ne sont point calculés de manière à les intéresser suffisamment. On doit cependant faire une exception en faveur des petits ouvrages de Mlle Edgeworth ; mais dans ceux-là même, les occasions d'employer le blâme ou la louange sont trop fréquentes pour qu'ils puissent faire règle.

On a tiré de grands secours de quelques petits livres donnant des relations de voyages, ornés de cartes, de plans et entremêlés d'anecdotes amusantes et caractéristiques.

Les classes les plus avancées n'ont souvent qu'un exemplaire de chaque ouvrage, sur lequel un des élèves fait la lecture à ses camarades ; ceux-ci sont généralement questionnés, après la lecture de quelques phrases ; on s'assure ainsi qu'ils en ont bien compris la substance. Dans leurs réponses, ils ne sont point astreints à employer les termes dans lesquels l'ouvrage est conçu ; au contraire ils répondent familièrement, se servent des expressions qu'ils conçoivent le mieux, et prouvent par-là qu'ils ont pénétré le sens de ce qui leur a été lu.

On a reconnu les grands avantages qui résultent de l'adoption du principe généralement suivi dans nos écoles, de ne faire rien lire aux enfans qu'ils ne puissent concevoir. Ils s'habituent à comprendre ce qu'ils lisent ou ce qu'ils entendent lire ; on évite l'inconvénient si grand et si général de leur faire prendre *les moyens* pour *la fin*, et on détruit l'idée fausse, qu'acquérir la connaissance des moyens par lesquels l'instruction est communiquée, c'est acquérir la science elle-même. Ainsi, les enfans parvenus à ce *medium*, ne sont pas satisfaits du degré purement mécanique auquel ils sont arrivés.

La lecture et l'écriture ne sont considérées que comme des instrumens donnés aux enfans, et dont ils pourront faire un usage plus ou moins avantageux, mais qui peuvent rester entièrement inutiles à ceux d'entr'eux qui auraient acquis ces connaissances avec beaucoup de difficulté, et qui ignoreraient leur usage réel.

Avec un tel système on rencontrera bien rarement l'indifférence qu'on remarque presque toujours chez ceux auxquels on impose l'obligation d'apprendre, mais seulement des sons insignifians pour eux; sort ordinaire des malheureux écoliers qui, durant la leçon, ne songent à rien, sinon au moment où ils seront débarrassés de leur fastidieuse tâche.

C'est encore pour n'offrir à de jeunes esprits que des sujets qui soient à leur portée, que, sans les instances des parens et de quelques personnes attachées à l'établissement, on se fût abstenu de mettre les Écritures sacrées et les catéchismes entre les mains d'enfans aussi peu avancés en âge que les écoliers journaliers.

Il y a beaucoup de passages des Écritures que des enfans de cet âge ne devraient pas connaître encore, et beaucoup plus qu'ils ne peuvent concevoir. Le catéchisme écossais est si abstrait, que même les élèves qui ont plus d'âge et dont l'intelligence est plus exercée, pourraient être embarrassés, si on les invitait à expliquer ce qu'ils ont appris à répéter étant enfans.

On enseigne aux écoliers à faire ressortir le sens en lisant, à peu près comme s'ils parlaient; en sorte qu'on s'assure qu'ils saisissent bien la signification de leur sujet, et qu'ils donnent à leurs compagnons la faculté de suivre leur lecture avec intérêt et intelligence. Pour leur apprendre la manière de moduler la voix, le maître a soin de lire souvent à sa classe quelque ouvrage qui fixe l'attention ; pendant cet exercice il exhorte ses jeunes auditeurs à faire toutes les questions, toutes les remarques qui pourraient leur venir à l'esprit.

ÉCRITURE.

La manière d'enseigner l'écriture, est, dans les commencemens, à peu près la même que celle qui a été adoptée dans beaucoup d'écoles ; mais, aussitôt que les enfans peuvent copier passablement, le professeur commence à les exercer à une écriture courante, comme on fait depuis quelques tems dans différentes institutions. En suivant cette méthode, les enfans contractent l'habitude d'écrire sans rayer leur papier ; avec un peu d'attention, l'écriture lourde et gênée de l'école, devient bientôt légère et facile, telle enfin qu'elle doit être pour nous servir dans la vie civile.

Les exemples d'écriture sont des phrases courtes, ordinairement explicatives des passages remarquables de l'histoire ou de la géographie. Les élèves finissent par écrire sous la dictée quelques morceaux difficiles et en même tems considérés comme importans à fixer dans la mémoire. Ainsi, dès que cela est possible, on applique de la manière la plus efficace les connaissances qu'on vient d'acquérir.

ARITHMÉTIQUE.

Cette science a été enseignée jusqu'ici par les mêmes procédés que dans toute l'Écosse. Cependant les classes les moins avancées commencent par un cours régulier d'arithmétique mentale, semblable à celui qui avait été adopté par M. Pestalozzi, d'Iverdun en Suisse. En ceci, comme dans chaque branche d'instruction, on habitue les enfans à comprendre ce qu'on leur démontre. Le professeur indique comment les diverses opérations doivent être préparées et conduites pour être correctes, et en quoi cette connaissance peut être utile dans la vie.

COUTURE.

Toutes les jeunes filles, excepté celles qui font partie des deux plus jeunes classes, apprennent la couture, comprenant le tricot, la manière de marquer, de tailler l'étoffe, etc.

Un jour de la semaine est fixé pour qu'elles apportent à l'école leurs habits, que préalablement elles ont nettoyés, afin qu'on leur enseigne à les raccommoder, et on leur indique le moyen de les réparer le plus proprement possible.

HISTOIRE NATURELLE, GÉOGRAPHIE, HISTOIRE ANCIENNE ET HISTOIRE MODERNE.

Ces sciences sont classées ensemble parce que, bien que distinctes l'une de l'autre, et embrassant, chacune en particulier, des connaissances fort étendues, elles sont enseignées à New-Lanark, à peu près de la même manière, c'est-à-dire, par des lectures faites et commentées familièrement par les professeurs. Ces lectures ont lieu en classe de quarante ou cinquante individus. Les enfans sont ensuite examinés sur ce qu'ils ont entendu ; ainsi on a l'occasion de reconnaître ceux qui profitent le plus de la lecture qui leur a été faite. Dans ces lectures, on tire une grande assistance de l'usage de signes sensibles, adaptés au sujet, et que nous expliquerons particulièrement dans la suite.

Chaque professeur résume une branche particulière et fait, comme nous l'avons dit, une courte lecture à quarante ou cinquante enfans à la fois. Le nombre des auditeurs était d'abord de cent vingt à cent cinquante individus dans chaque classe ; mais il a été trouvé trop considérable : on reconnut que la moitié ou le tiers de ce nombre d'élèves était tout ce qu'on pouvait assembler, excepté lorsque la lecture est tellement intéressante, captive si particulièrement l'attention, et est si facile à comprendre, qu'elle ne nécessite aucune explication ultérieure.

Il faut remarquer que, pour atteindre ce point important, il faut beaucoup d'attention, d'habileté et une connaissance exacte de la nature humaine.

Il est extrêmement difficile qu'un professeur, surtout s'il n'a pas une grande habitude de faire la lecture aux enfans, garde un juste milieu entre des détails trop nombreux et trop minutieux ; qu'il distingue, parmi des particularités peu nécessaires, celles qui ne peuvent que détourner l'attention du sujet principal, de celles qui sont indispensables pour la clarté. Par les premières, nous entendons les questions abstraites, la politique, les descriptions ennuyeuses d'animaux ou de pays, surtout lorsqu'ils diffèrent peu entr'eux; enfin tout ce qui n'est pas intéressant en soi, ou ne peut devenir tel, comme explicatif de quelque principe général ou caractéristique de quelque fait remarquable.

Dans les dernières, nous comprenons les détails simples et clairs sur les phénomènes de la nature, sur les sciences ou sur la civilisation, surtout lorsqu'ils tendent à agrandir les idées, à réprimer les sentimens bas ou peu charitables, à apprendre aux enfans à estimer les choses à leur valeur réelle, et à les empêcher d'être abusés par le récit d'actions qui nous paraissent quelquefois glorieuses, louables, mais qui, soumises à l'examen de la raison, deviennent déraisonnables, injustes, et contraires au bonheur général.

Quand on commence l'exposition d'un sujet quelconque, on ne saurait prendre trop de soins pour écarter tous les petits détails, pour présenter d'abord aux jeunes gens une esquisse claire de ce qu'on veut leur enseigner, et pour l'imprimer si nettement dans leur esprit, qu'ils puissent ensuite classer eux-mêmes et avec facilité, tous les détails qu'ils apprendront : alors le cadre qu'on n'avait fait que tracer, peut se remplir du résumé des faits importans qu'on a soin de relever par des anecdotes caractéristiques, plus ou moins développées; car rien n'est si propre à graver un sujet quelconque, d'une manière durable et distincte, dans les jeunes esprits, qu'une anecdote qui s'y rapporte. Enfin, quand ils sont avancés dans l'étude qu'ils ont embrassée, les élèves peuvent entrer dans la connaissance de détails plus importans, sans qu'il y ait à caindre que leur esprit en soit surchargé ni embarrassé, parce qu'alors ils peuvent eux-mêmes les classer et les apprécier (1).

Tels sont les principes généraux d'après lesquels on donne l'instruction à New-Lanark, sur les sujets dont il s'agit. Nous savons combien il est difficile d'arriver du principe général à l'exécution ; mais dans le cas présent, les difficultés seront applanies par l'expérience.

L'histoire naturelle est enseignée à tous les élèves, même aux plus jeunes, qui peuvent concevoir et apporter de l'intérêt, lors-

---

(1) Voir à l'appendice un exemple de la manière dont sont faits les résumés qu'on met entre les mains des écoliers, à New-Lanark.

qu'on ne leur présente que quelques particularités relatives aux animaux domestiques qu'ils peuvent observer eux-mêmes, si toutefois l'instruction leur est donnée d'une manière familière ; cette connaissance est d'ailleurs la première dont la nature suscite le désir à l'enfance.

En commençant un cours d'histoire naturelle, on explique d'abord la division de cette science en trois règnes : le règne animal, le règne végétal et le règne minéral ; en très-peu de tems les écoliers distinguent auquel appartiennent les objets qui leur sont présentés (1).

---

(1) Même dans les cours de simple explication, on peut procurer l'essor à beaucoup des facultés de l'esprit. Dans une des plus jeunes classes de New-Lanark, le professeur expliquait cette division ; il demanda aux élèves à quel règne appartenait le plâtre. Ils répondirent au règne minéral ; mais un petit camarade ajouta « qu'il appartenait aussi au règne animal. » On lui demanda pourquoi ? Parce que, dit-il, on trouve du poil dans le plâtre, et que cela annonce un animal. (Il faut savoir qu'en Écosse on mêle au plâtre de la bourre, afin de le fixer davantage sur les corps qu'on enduit.)

(*Le Traducteur.*)

Ensuite le professeur fait le détail des principaux objets fournis par les trois règnes ; il décrit les quadrupèdes, les oiseaux, les poissons, les insectes, les reptiles, ainsi que les productions les plus remarquables de la botanique et de la minéralogie. Il accompagne ses descriptions du dessin des objets, fait sur de grandes dimensions et aussi correct que possible. Il est à désirer que les différens dessins soient tous calculés sur la même échelle de proportion ; autrement les idées comparatives des enfans seraient fausses. Ces dessins peuvent être placés autour de la salle, ou peints, comme le sont les tableaux de la botanique à New-Lanark, sur des canevas vernis qui roulent d'un cylindre sur un autre, chaque cylindre étant fixé à une certaine élévation et à six ou huit pieds de distance l'un de l'autre, afin qu'on ne puisse exposer à la vue que cette étendue du canevas, en même tems. Ces cylindres sont mis en rotation par une poignée qui s'adapte également à l'un et à l'autre, selon que le canevas est à son commencement ou à sa fin.

Dans toutes les classes, chaque individu est encouragé à répéter ce qu'il a entendu, à émettre son opinion librement et à demander des éclaircissemens. De tels examens mettent le professeur à portée de s'assurer de la partie de sa lecture qui a été le mieux appropriée à la capacité des enfans, qui était le mieux calculée pour fixer leur attention, et celle qui, au contraire, était trop abstraite et trop dépourvue d'intérêt. Il est donc tous les jours éclairé sur le choix de sa matière pour des lectures subséquentes, et il découvre peu à peu l'étendue de la puissance d'esprit que ses élèves ont en partage.

A l'ouverture d'un cours de géographie, l'enfant est instruit de la forme du globe, de sa division en terre et en eau, de la subdivision de la terre en quatre continens et îles grandes et petites, et de celle de l'eau en océans, mers, lacs, etc.

Ensuite, on indique les noms des principales contrées et de leurs capitales, en même tems qu'on donne connaissance de quelques particularités sur leur situation, les curiosités naturelles qui s'y trouvent, les mœurs, les coutumes, etc. Les différens pays sont comparés successivement au nôtre, et les uns aux autres.

De cette manière l'esprit des enfans s'ouvre peu à peu, et on prévient la naissance de ces idées étroites, de ces sentimens exclusifs qui tendent à faire considérer comme seules dignes d'intérêt et d'attention, les personnes et les choses qui se trouvent dans le même pays que nous, à ne reconnaître du bien que dans les choses que nous sommes accoutumés à voir, ou à supposer que tout est vérité et perfection dans des opinions et dans des habitudes que les circonstances de notre naissance et de notre éducation nous ont données. On leur fait voir la cause des singularités et même des vices nationaux, et cette question vient alors tout naturellement dans leur esprit. « N'est-» il pas vraisemblable que nous aurions été

» sujets aux mêmes singularités, si nous » avions vécu dans un tel pays, et que les » mêmes vices auraient été les nôtres, puis- » que nous aurions adopté les préjugés et » les notions qui y sont reçus ? »

Effectivement, n'est-il pas évident que nous aurions été Cannibales ou Indous, si le hasard nous eût fait naître dans l'Hindostan, où le meurtre d'un animal est un crime affreux, ou dans quelque tribu sauvage, où torturer une créature humaine et se réjouir autour de son corps inanimé est une action glorieuse ? Un enfant qui une fois a senti quelle doit être la véritable réponse à une telle question, ne peut se dispenser de devenir charitable et tolérant.

Les élèves prennent connaissance des zones et autres divisions artificielles de la terre; en les leur expliquant, on leur fait bien entendre que ces divisions ne sont ni réelles, ni nécessaires, mais purement imaginaires, de convention et qu'elles auraient pu être fort différentes, sans changer en rien la division naturelle et vraie de notre globe.

Chacun des plus jeunes écoliers, à New-Lanark, étant instruit de la latitude et de la longitude d'un lieu, le trouve sur le champ; il peut dire sous quelle zone il est situé, et, à raison de la situation, à quel point il est chaud ou froid, à quel degré de longitude ou de latitude il se trouve d'une autre contrée de l'autre hémisphère; et probablement il donnera en même tems des détails sur le pays, comme, par exemple, s'il est fertile ou non, quelle est la couleur des habitans, leur religion, leur caractère général, quels animaux s'y rencontrent, quand et par qui cette contrée a été découverte, quel est le chemin le plus court pour s'y rendre d'Angleterre, quel est le nom de la capitale et celui des montagnes et rivières principales. Peut-être même l'élève racontera-t-il quelque chose de l'histoire du pays ou quelques anecdotes caractéristiques qu'il aura entendu rapporter. Ainsi, ces enfans peuvent voyager partout le monde en mettant seulement leur sphère en mouvement.

Dans le cours des lectures on ne néglige aucune des occasions fréquentes qu'on a de donner des notions générales sur les choses qui ne sont pas strictement attachées au sujet; comme, par exemple, sur les phénomènes naturels, le commerce, les manufactures, etc.; enfin, sur tout ce qui peut être de quelque intérêt, d'agrément ou d'utilité.

L'histoire ancienne et la moderne forment une autre branche de l'éducation des élèves.

On pourrait penser que pour l'enseignement de l'histoire, le secours de signes sensibles ne peut être que rarement employé. Il en est tout autrement; leur application est ici plus complète que dans aucune autre espèce d'étude.

Sept grandes cartes, qui dans le principe ont été achetées de miss Witwell, ancienne directrice d'un séminaire respectable à Londres, sont placées dans l'ordre chronologique autour d'une salle spacieuse. Ces cartes, fixées sur des canevas, peuvent se dérouler à volonté; elles sont divisées par époques; chaque époque est d'une couleur différente et représente une nation.

On a peint sur ces cartes les principaux événemens de l'histoire des différens peuples; chaque siècle est clos par une ligne horizontale; au moyen de ce procédé, les enfans saisissent facilement le résumé de l'histoire ancienne et de l'histoire moderne, et sans courir le risque de confondre les circonstances ou les nations. Par exemple, au récit de deux événemens, l'élève n'a qu'à se rappeler la situation des tableaux qui les représentent sur la carte, pour connaître sur-le-champ leur rapport chronologique.

Quand on explique la formation et la subdivision de vastes empires, l'œil saisit tout l'ensemble à la fois, parce que la couleur qui sert à distinguer l'époque d'une nation, sur la carte, se confondant avec une autre, indique ou la sujétion de l'une ou l'union des deux, et la séparation serait indiquée par le commencement d'époques annoncées par la diversité des couleurs. Les enfans peuvent donc se représenter les faits historiques, comme ils se transportent dans les différentes contrées sur la sphère, et ils comptent les années et les siècles, comme ils comptent les degrés de longitude et de latitude. Ils se forment de l'histoire du monde une idée aussi claire, aussi tactile, que la connaissance qu'ils ont prise de la figure et des divisions du globe terrestre qu'ils ont étudié pour apprendre la géographie. Nous savons, nous-mêmes, combien les faits qui nous ont été fréquemment retracés dans notre enfance, se rappellent facilement à notre mémoire; nous pouvons donc estimer combien des impressions reçues de bonne heure sont durables.

Les rapports qui existent entre l'histoire naturelle, la géographie et l'histoire, sont évidens ; aussi dans les lectures qui sont faites sur l'un de ces sujets, le professeur a toujours soin de rappeler à l'esprit de ses écoliers quelques parties des autres.

RELIGION.

Le fondateur des écoles de New-Lanark a été accusé d'élever les enfans sans leur donner de principes religieux.

La direction, la tendance continuelle du système d'éducation qu'on y suit, nous paraît être la garantie du contraire ; cependant comme beaucoup d'assertions ont été avancées et qu'un bien plus grand nombre d'insinuations fausses ont été données à ce sujet, nous allons développer les raisons sur lesquelles repose notre opinion.

La connaissance des ouvrages de Dieu, et cette connaissance est donnée aux enfans, peut être considérée comme la base de la vraie religion. La consistance d'un principe si évident est reconnue par toutes les nations, par toutes les sectes : il ne peut donc y avoir divergence d'opinion sur ce point.

Il est aussi bien certain que celui qui désire que ses enfans adoptent une vraie religion veut qu'ils la connaissent, qu'il soit né dans un pays chrétien, qu'il soit disciple de Mahomet ou sectateur de Bramah.

Or, des faits simples ne peuvent jamais égarer ou vicier l'esprit, ils ne peuvent soutenir une religion fausse, ils viennent toujours à l'appui d'une vraie religion; celui qui hésite à les prendre pour base de sa croyance reconnaît tacitement des contradictions, et « où il y a contradiction, il y a erreur. »

Si les principes religieux qu'on développera par la suite aux élèves, sont vrais, le professeur en les instruisant tirera les plus grands secours de l'histoire des faits naturels, que les enfans possèdent déjà, parce que la vraie religion doit être complétement en harmonie avec les faits.

Si au contraire les instructions qu'on voudra leur donner sont fausses, ce sera une tâche bien difficile à remplir que d'y faire ajouter foi comme à des vérités, parce que l'enfant dont l'esprit aura été préparé comme celui de nos élèves, découvrira promptement qu'elles ne sont point en rapport avec ce qu'il connaît de vrai ; chacun peut apprécier les avantages de cette difficulté même.

En supposant un enfant instruit dans la vraie religion et croyant fermement, sans avoir cependant cherché à asseoir sa foi sur la certitude de faits connus ou bien accrédités, sur quels fondemens peut-on dire que sa foi repose? Le premier sceptique avec lequel il conversera fera probablement naître dans son esprit des doutes sur la vérité de ce qu'il croit; et lui-même, étant incapable de défendre ses opinions, n'ayant aucun moyen de raisonner sur ce sujet, deviendra peut-être un violent adversaire de la religion qui, quoique vraie, lui aura été enseignée avant qu'il eût des connaissances suffisantes pour en apprécier l'évidence, et que par conséquent il fût capable d'en juger la vérité ou la fausseté.

Ce raisonnement est particulièrement applicable aux circonstances dans lesquelles il s'agit d'une religion dont l'évidence est basée sur les faits historiques.

On sait quelle clarté est résultée, pour l'enseignement des autres sciences, de l'habitude d'exercer les élèves à déduire des conséquences exactes des faits sur lesquels on les faisait raisonner. Pourquoi perdre de vue cette considération, lorsqu'il s'agit d'un sujet aussi important que la religion?

Si un chimiste voulait qu'un enfant fût capable de suivre et de comprendre quelque principe important, découvert par de certaines opérations, après de longues études et de patientes expériences, ferait-il sagement d'exiger que l'enfant gravât sur-le-champ ce principe dans son esprit, et le prît pour certain, sans même l'examiner? Ne ferait-il pas mieux de chercher une méthode dans laquelle l'élève pût prendre des connaissances élémentaires, se familiariser peu à peu avec l'histoire des faits chimiques, et enfin, lorsque son jugement serait mûr, ne serait-il pas tems de lui exposer le principe récemment découvert, de l'amener à juger par lui-même, et à s'assurer de son exactitude?

Que penserions-nous d'un professeur de chimie qui ne suivrait pas cette marche? qui voudrait dénigrer, comme ignorant les grands principes de la chimie, ou dénoncer comme ennemi de la science elle-même, l'homme qui exprime l'opinion, qu'il est déraisonnable d'exiger qu'un enfant s'applique aux dernières expériences de cette science, avant d'avoir acquis les connaissances élémentaires? Et le professeur qui aurait supposé qu'au moins ses derniers principes devaient être reçus et crus par les enfans, sans aucun examen, ne devrait-il pas craindre au contraire qu'ils ne fussent point adoptés du tout, et que sa manière de les présenter eût fait naître des soupçons sur leur exactitude?

Et la religion est-elle une science moins abstraite, moins importante que la chimie? Est-il d'une moindre conséquence de détruire les motifs qui pourraient faire tomber la suspicion sur les grandes vérités qu'elle enseigne? Ou, les doctrines religieuses sont-elles plus faciles à concevoir que les principes de la chimie? Prétendra-t-on que, comme ces principes, la religion n'est point basée sur des faits? S'il en était ainsi, elle ne serait point établie sur un roc, mais sur du sable; si, au contraire, elle est, comme elle le paraît, fondée sur des faits, une connaissance préliminaire de ces faits est nécessaire à l'étude de la religion.

C'est comme telle que la religion est enseignée à New-Lanark; et, d'après cette manière de la considérer, on a pensé que les enfans, d'un âge tendre encore, devaient être familiarisés avec les faits, avant d'être instruits des points abstraits de la doctrine.

Si la décision d'un de ces points exige tous les moyens de la raison humaine la plus mûrie, certes nous ferons mal d'en présenter plusieurs à l'esprit de jeunes enfans. Un tel procédé ne sert qu'à les embarrasser, à créer des habitudes inattentives et nonchalantes. Dans beaucoup de cas il donne aux enfans un dégoût déterminé pour la science elle-même, et leur apprend à considérer la religion et tout ce qui s'y rattache, comme mystique, ennuyeux et triste, excepté pour ceux qui n'ont ni la puissance ni l'occasion de s'occuper d'autre chose.

On ferait injure à la religion si l'on supposait que ces graves inconvéniens sont les conséquences naturelles de l'enseignement des principes religieux à des enfans; ils ne sont que le résultat nécessaire de l'habitude dans laquelle on est de vouloir faire entrer dans de jeunes esprits des notions trop fortes.

En suivant un système différent, une religion faite pour inspirer la confiance, la paix, l'amour du prochain, la charité, ne peut faire naître ni dégoût ni crainte; elle ne peut non plus manquer d'attirer à elle, si nous la présentons comme une lumière simple et naturelle; mais en l'enseignant, nous ne devons pas nous départir des principes qui règlent l'étude des autres sciences. Nous ne devons pas attendre que des enfans puissent aimer une étude qui leur paraîtrait sans intérêt, et ils ne pourraient s'intéresser à un sujet qu'ils ne comprendraient pas. Si nous tombions dans cette erreur, nous rencontrerions infailliblement les obstacles qu'elle doit produire; mais nous ne devrions pas en conclure que ces obstacles sont les conséquences de l'enseignement de la religion, ou qu'ils sont une preuve évidente de la corruption du cœur humain.

Si nous plantons dans un excellent terrain un cep de vigne bien portant, et qu'ignorant la manière de cultiver cet arbuste, nous nous contentions de le soutenir par des broussailles qui, au lieu de l'aider, gêneront sa crue et le priveront du soleil nécessaire, il deviendra languissant et malade; alors ne soyons point étonnés du mauvais succès de nos travaux, et n'allons point nous persuader que jamais aucune vigne ne pourra croître dans cette terre, et y rapporter de bons fruits, ni attribuer au sol sa maladie irrémédiable. Examinons plutôt si la manière dont nous avons traité l'arbuste était celle que la nature exigeait, ou si, raisonnant par analogie avec nos connaissances précédentes en agriculture, nous pouvons garantir que nous lui avons donné tous les soins nécessaires. Autrement, ne nous étonnons plus de voir dans les lieux les plus sauvages, dans des terrains négligés, des vignes qui étalent toutes leurs richesses, tandis que celle dont nous avions pris soin s'est flétrie, et n'est devenue pour nous qu'un sujet de honte et d'humiliation.

Enfin, pour parler sans métaphores, non-seulement il est de fait que la vraie religion n'a besoin d'aucun secours étranger; mais encore, il est certain qu'en l'en environnant nous ne faisons qu'obscurcir la lumière de la raison, et rendre suspects des principes qui, s'ils eussent été dégagés de ce qui nous empêche de les saisir, de les apercevoir clairement, eussent peut-être servi à poser les bases les plus solides.

A cela on nous répondra que « *le cœur*

humain est entièrement corrompu et d'une méchanceté désespérante. » Le caractère actuel des hommes n'est ni sincère ni vertueux, on ne peut le nier; il est vrai que la sincérité expose celui qui la pratique au ridicule, à la haine, ou même aux imputations de la malveillance, et qu'un caractère qui approcherait réellement de la vertu, ne pourrait exister sous les influences malfaisantes qui résultent de l'ordre établi dans la société; mais il faut reconnaître ces vérités, et regretter d'y être contraint. Nous devons apporter beaucoup d'attention dans les conclusions que nous prendrons sur ce fait : il faut examiner avec soin la matière, avant d'admettre que la nature humaine est nécessairement si corrompue sur tous les points du système, ou abandonner entièrement l'idée que les sentimens les plus nobles, la bonne foi, la sincérité, la générosité, l'indépendance et la force, les sentimens charitables, sociaux et doux, sont des qualités inhérentes qui ne demandent que l'influence d'un climat doux et générateur, pour les rejeter et nous modeler sur la peinture triste, chargée de défauts dégoûtans et de passions sordides qu'on nous dit être la représentation exacte de notre nature, et que nous pourrions examiner long-tems, avant que notre imagination pût découvrir ou créer la ressemblance.

Si le tableau qu'on nous a fait est exact, alors nous devons abandonner toute espérance d'améliorations grandes et sensibles dans ce monde, parce que véritablement la vue de ce qui nous est présenté est décourageante, horrible.

Qu'importe l'intelligence, la bonté du Créateur, si évidente même dans l'instinct des plus petits insectes, et dans les principes qui règlent et soutiennent tant de milliers de monde dans l'immensité? qu'importe cette formation des créatures inférieures, qui paraît appropriée à la condition qui leur est assignée, tandis que pour l'homme il ne semble pas en être de même? En le formant le Créateur tout-puissant et infiniment sage a failli; il est vrai que l'espérance a été permise à l'homme, que le bonheur lui a été promis; mais son cœur a été créé méchant, dépravé, restera tel, et ainsi tout est perdu; essayer des améliorations, c'est aller contre les intentions du Créateur, s'il est vrai qu'il ait imprimé la dépravation dans les consciences des plus jeunes enfans.

Tout en inculquant que la religion enseigne une telle doctrine, avouons-nous du moins à nous-mêmes, qu'elle tendrait à décourager ceux qui voudraient travailler à propager la vertu, à répandre le bonheur dans le monde, et à remplir notre esprit d'appréhensions vagues et pénibles sur le futur; par la raison qu'un Être infiniment bon, tout-puissant, a formé ou (ce qui est la même chose) a permis qu'on établît dans le cœur de l'homme un principe qui doit faire avorter toutes ses entreprises, et rendre ainsi trop bien fondées ses appréhensions.

Cependant cette doctrine, et beaucoup d'autres qui donnent aux esprits la même direction, font partie des instructions religieuses qu'on donne aux enfans, même les plus jeunes; le monde dispute encore sur plusieurs de ces doctrines; encore sont-elles présentées à l'esprit des élèves d'une manière inintelligible, peu intéressante, dogmatique, et on exige qu'ils les comprennent.

Peut-on s'étonner qu'une telle méthode d'enseignement fasse tomber la religion dans le discrédit, et que des instructions données à dessein d'élever et d'ennoblir l'esprit, ne laissent en dernière analyse, dans les esprits, que l'idée d'un être infiniment puissant à la vérité, mais agité par des passions humaines, idée qu'il serait sage de bannir du cœur, puisqu'elle ne peut inspirer que la terreur et la tristesse, et le sentiment inquiet, indéterminé d'une crainte mystérieuse, qui est précisément suffisante pour donner de l'amertume aux momens qu'on consacre à la religion?

Nous ferions peu sagement si nous adoptions un système d'instruction religieuse que l'expérience aurait démontré, même dans une seule de ses conséquences, avoir produit de tels résultats.

A New-Lanark, on saisit toutes les occasions d'inculquer les principes de morale pratique que la religion enseigne, et de familiariser l'esprit des enfans avec l'histoire des faits naturels; mais l'étude des dogmes abstraits de la doctrine, en tant que les vues religieuses des parens admettent ces principes, est réservée pour l'âge auquel les élèves sont plus capables de juger par eux-mêmes, et d'examiner avec une exactitude qu'il serait déraisonnable d'attendre de jeunes enfans, les argumens qui sont employés pour appuyer ou pour attaquer les points en discussion. Ainsi, le sentiment réel de la vérité devra nécessairement faire de grands progrès; car il est évident qu'un individu dont le jugement est éclairé, doit être beaucoup plus éloigné de rejeter la vérité, ou de recevoir l'erreur, que ne pourrait l'être un individu sans instruction.

Il nous semble qu'un homme sincère

dans la profession de sa religion, quels que soient les dogmes particuliers qu'il admet, doit, après un mûr examen, approuver un plan dont l'exécution est le moyen le plus certain de répandre ses propres opinions partout le monde; et cela parce que chaque individu suppose que son opinion est la véritable, autrement il ne l'entretiendrait pas dans son esprit.

Si on reconnaît qu'un très-grand nombre de religions existantes dans ce monde sont fausses (et cela est certain puisqu'une seule peut être vraie), l'admission d'un tel principe doit fournir des argumens en faveur de notre mode d'instruction; car il est invraisemblable qu'une fausse religion puisse supporter l'examen, tandis qu'il est certain qu'une religion fondée sur la raison et sur la vérité, doit en sortir plus brillante encore d'évidence à l'exclusion de toutes les autres.

Nous ne voulons point ici entrer dans l'examen des doctrines de Calvin; nous ne mettrons pas non plus en discussion leur vérité ou leur exactitude, choses étrangères au sujet que nous traitons; mais il nous semble évidemment démontré que si ces doctrines étaient vraies, nous ne pourrions rien faire de mieux que d'adopter une méthode qui pût conduire le monde entier à devenir calviniste ; si au contraire elles étaient fausses, on ne saurait trop hâter leur chute.

Une grande question, qui s'allie nécessairement au sujet déjà si délicat de la religion, c'est celle de savoir si on peut jamais inspirer trop de tolérance.

Un système opposé a excité les animosités les plus cruelles et les plus violentes; il a armé le voisin contre le voisin, le père contre ses enfans, détruit la paix et l'harmonie qui auraient dû exister entre les familles et les peuples; il a inondé le monde de flots de sang; et, invoquant les noms les plus sacrés, il a favorisé des atrocités, pendant la durée desquelles notre histoire semble moins celle d'hommes éclairés par la raison, que celle de démons, possédés d'un esprit infernal, d'une folie sauvage; ces atrocités, chaque page de notre histoire peut les prouver. Pourrions-nous déployer trop de fermeté dans le maintien d'un principe dont la pratique doit s'opposer à la possibilité du retour de semblables maux?

Ce principe a toujours réglé les instructions religieuses données à New-Lanark. On s'est efforcé de disculper la nature humaine des imputations que lui ont mérité, par leur conduite, quelques individus qu'excitait un zèle religieux immodéré; conduite qui a souvent semblé propre à justifier les couleurs exagérées sous lesquelles on nous peignait la dépravation et l'aveuglement des hommes.

A New-Lanark, ces imputations ne trouvent point de partisans; en suivant le système qui y est adopté, aucun sujet de plainte ne s'élève contre la dépravation de notre nature. Au contraire, l'expérience semble prouver complétement l'opinion, que notre nature est un bon composé, capable, à la vérité, d'être formé à la mauvaise foi, à la méchanceté, mais auquel cependant ni l'une ni l'autre n'est inhérente; que si on détruit la crainte qui souvent seule empêche un enfant de se livrer à un penchant quel qu'il soit, il ne deviendra point trompeur, puisque rarement il aura intérêt à tromper; que si la raison préside à la manière d'instruire un enfant, il deviendra raisonnable lui-même; que ce principe lui indiquera combien, dans son intérêt, il doit fuir la méchanceté, et si quelque chose doit faire l'objet de notre surprise, c'est que l'espèce humaine qui existe aujourd'hui, n'ait ni toute la méchanceté, ni toute la fourberie qui eût dû résulter du système actuel de la société.

Nous pourrions étendre cette digression; mais nous sentons l'importance du sujet, et combien il est nécessaire que ceux qui veulent améliorer la génération naissante en travaillant à son instruction, ne cherchent point à créer des difficultés imaginaires où il n'en existe pas de réelles. Nous avons vu quels inconvéniens pouvaient résulter de la conduite du maître qui considère ses élèves comme autant d'êtres déraisonnables et dépravés, et qui les traite comme tels. Les suites infaillibles d'une telle conduite sont de détruire la confiance et de faire naître le soupçon et le dégoût. Aussitôt que la confiance est perdue et que le soupçon l'a remplacée, le cas est désespéré ; le professeur, quels que soient ses talens, ne rencontrera que des difficultés toujours croissantes, et découvrira tous les jours de nouvelles causes de découragement et de déplaisir. D'abord un soupçon injuste cherche à se créer un objet, et ensuite se glorifie de la pénétration avec laquelle il l'a découvert. Les écoliers pensent qu'ils n'ont point de qualités à perdre, et ce sentiment les prive d'un grand moyen de devenir vertueux. Ils cherchent à traverser tous les desseins de leur maître, à le tromper, à s'opposer à lui dans toutes les circonstances, parce que des enfans qu'on aura traité sans générosité ne seront pas généreux.

Avant de terminer sur cet important sujet, il est nécessaire de dire que nous n'avons fait ici aucune allusion à un fait existant; savoir : qu'à New-Lanark les Écritures sacrées sont et ont toujours été lues avec soin et que les catéchismes y sont régulièrement enseignés; on a suivi cette marche, non parce qu'on la considérait comme la méthode propre à donner les instructions religieuses aux jeunes enfans; nous l'avons fait parce que les parens nous ont paru le désirer, et que la plus légère usurpation sur la parfaite liberté de conscience, nous paraît la pire espèce de tyrannie.

Outre les études mentionnées ci-dessus, les enfans apprennent la musique et la danse; on a reconnu que ces deux arts étaient susceptibles de contribuer à l'amélioration morale des hommes; quand ces divertissemens sont sagement dirigés, chacun d'eux devient une source pure et naturelle de plaisir, et c'est un fait authentiquement constaté, que le meilleur moyen de rendre les hommes vertueux, c'est de commencer par rendre leur position commode et heureuse.

CHANT.

Tous les enfans de l'âge de cinq à six ans apprennent à chanter, quelquefois avec, quelfois sans musique.

Ils commencent par apprendre le nom et le son des notes, par chanter des gammes ; ensuite, on les habitue à battre la mesure et enfin on les familiarise avec ceux des élémens de cet art qu'ils peuvent aisément mettre en pratique. Les notes et tous les signes usités, aussi bien que beaucoup de morceaux sur lesquels on les exerce, sont tracés dans de grandes proportions sur un canevas roulé, semblable à celui dont nous avons parlé plus haut, et sur lequel sont peintes des images qui servent à étudier la botanique.

Un petit recueil d'airs est fait tous les trois mois pour l'école. Les paroles, imprimées sur des feuilles séparées, sont distribuées à chaque élève. Les chansons gaies, les airs vifs, conviennent mieux à des enfans au-dessous de dix ans, que des morceaux lents et pathétiques; ils semblent entrer plus difficilement dans le sentiment de ceux-ci, tandis que les airs dits de bravoure, sont ce qu'ils chantent de préférence, surtout si, sur un air national, on met des paroles joyeuses.

Cependant, le goût de la musique ne se rencontre pas également chez tous les élèves ; il se manifeste spontanément chez de certains individus, tandis que chez d'autres il faut beaucoup de soins pour le faire naître.

Quelquefois, les chanteurs qui viennent à l'école du soir se joignent aux musiciens du village qui jouent des instrumens. Cette réunion a lieu une fois par semaine.

DANSE.

On enseigne la danse comme exercice agréable, salutaire et naturel dans la société, susceptible de déployer la taille, de donner de l'élégance à la tournure, d'égayer l'esprit et d'augmenter l'enjouement.

Les danses sont variées; les écossaises, les contredanses et les quadrilles se succèdent; beaucoup des plus jeunes élèves déploient dans ces exercices une facilité, une élégance, qu'aucun enfant de leur âge ne pourrait surpasser.

Quelquefois, les élèves, filles et garçons mêlent à leurs danses quelques évolutions, à peu près semblables à celles qu'on fait exécuter aux militaires. Ces exercices ont l'avantage de les habituer à marcher avec régularité et à mettre de la précision dans leurs mouvemens. Cette espèce d'exercice ne dure jamais long-tems; on en bannit, autant que possible, une contrainte froide et inutile, d'après le principe que nous avons déjà fait connaître et qui règle toutes les dispositions prises dans nos écoles, que jamais on n'emploie, à l'égard des enfans, rien de ce qui peut être ennuyeux ou pénible pour eux, tant que l'ordre n'en souffre pas ; en même tems, toutes mesures réellement nécessaires pour la régularité, sont exactement prises, et une douce surveillance préside à l'exécution des divertissemens.

Pour prévenir toute irrégularité, toute confusion, chaque professeur est muni d'une liste des leçons que ses élèves doivent recevoir dans la semaine; et l'ordre dans lequel on distribue ces leçons est tel, que celles d'une classe ne portent aucun obstacle à celles de l'autre.

L'apparence générale des enfans que nous élevons est un composé très-singulier. L'aspect caractéristique de leur contenance est un mélange de franchise, de confiance et d'intelligence, qu'il est rare de rencontrer chez des enfans qui sont dans une pareille situation. Ils ont toujours du courage. Leurs procédés et leurs manières envers leurs professeurs et les étrangers sont hardis, sans contrainte, mais ils n'ont rien de rude, ni d'incivil. En général leur santé est si bonne, que le médecin du village, qui est dans l'habitude d'examiner ces enfans à des époques fixes, a établi, après l'examen de la situation, que sur un nombre de trois cents individus, trois seulement n'avaient qu'une légère indisposition, et que tous les autres étaient dans une santé parfaite.

Les connaissances particulières de chaque individu sont telles, en littérature, chez le plus grand nombre des écoliers des grandes classes, que peut-être il y a peu d'enfans du même âge qui en aient d'aussi étendues. L'auteur du présent article a eu de fréquentes occasions de les examiner individuellement; et il doit avouer sans hésitation que leurs connaissances, sur les différens sujets qui ont été annoncés, comme faisant partie de leur instruction, sont quelquefois supérieures aux siennes propres (1).

Un degré suffisant d'émulation amicale

(1) M. R. Dale Owen a cependant été un des élèves distingués de M. Fallenberg; ce qui suppose un degré d'instruction peu commun.

est excité parmi les écoliers, sans aucun stimulant artificiel; mais c'est une émulation qui leur fait trouver préférable *d'avancer avec leurs compagnons, à les laisser derrière eux.*

Leurs propres succès ne sont pas un sujet de réjouissance pour eux seuls; ils apprennent avec plaisir les avantages de leurs camarades, sans que jamais l'envie entre dans leur cœur; au contraire, ils sont empressés de leur procurer tous les éclaircissemens dont ils peuvent avoir besoin. On en a vu plusieurs qui, de leur propre mouvement, si un de leurs camarades avait été nécessairement absent pendant une lecture intéressante, couraient lui en rapporter les principales circonstances, aussitôt qu'ils pouvaient quitter la classe.

Quoiqu'il y ait toujours eu des écoles à New-Lanark, et que le bâtiment qui est actuellement destiné à l'enseignement soit construit depuis huit ans, quelques parties du matériel du système n'ont été éprouvées que depuis deux ans; ainsi leurs résultats ne peuvent être considérés comme suffisamment assurés. Toutefois, autant qu'ils ont été soumis à l'expérience, ils ont paru satisfaisans. On a toujours reconnu que ces enfans, qui font de grands progrès dans leurs différentes études, deviennent ensuite les meilleurs, les plus industrieux et les plus intelligens sujets pour la société, et les ouvriers les plus capables.

Il y a des personnes qui admettront qu'un tel système d'éducation est bon et convenable, mais qui cependant voudront s'opposer à son établissement, comme ne pouvant nullement s'appliquer à de très-jeunes enfans, ou à la classe ouvrière.

C'est un fait, que les vraies connaissances conduisent au bonheur, et quoique cette vérité ait été niée dans les tems obscurs de l'enfance du monde, elle est aujourd'hui généralement admise.

L'acquisition de la vraie science doit accroître le bonheur de celui qui la possède, et si les occasions de jouissance sont plus rares pour les classes pauvres que pour les hommes plus fortunés, alors il devient encore plus nécessaire et plus juste de leur donner l'instruction, comme moyen de jouissance intime, de félicité morale.

Nous admettons que les classes pauvres qui recevront une éducation telle que celle que nous donnons, ne pourront rester dans leur état présent d'ignorance et de dégradation.

Nous croyons que notre système d'éducation servira à rendre leur esprit bon et intelligent; que lorsqu'ils seront placés dans une situation réellement malheureuse, elle leur fera nécessairement désirer de la changer et de l'améliorer.

Nous pensons que la distance qui existe entre les classes les plus basses et les plus élevées diminuera; et que les derniers résultats de notre système apporteront beaucoup d'améliorations dans les mœurs, dans le caractère, dans les dispositions de ceux qui se trouvent dans une position subordonnée, et nous portera à les considérer plutôt comme assistans que comme dépendans; que son introduction rendra peu à peu toutes les classes plus libérales, plus instruites, plus vertueuses que ne le sont les habitans actuels de la Grande-Bretagne; et qu'enfin sa tendance directe sera d'éclairer le monde, d'élever toutes les classes sans en abaisser aucune, et d'arracher l'espèce humaine à l'état le plus misérable, pour le porter au plus florissant.

Mais nous méconnaîtrions la tendance de notre système, et nous nous tromperions sur ses effets, si nous imaginions que de réelles et importantes améliorations dans la manière de diriger l'intelligence, conduiront les classes inférieures à envier la position, à convoiter les biens des riches; qu'elles détourneront quelques esprits de la condition qui leur est propre, ou que rendre les hommes mécontens de l'état actuel des choses, soit un bienfait réel pour eux et un avantage pour la société.

Nous ne serions point conséquens avec nos principes si nous fomentions les idées révolutionnaires, si nous faisions naître les séditions, si, enfin, nous supposions que les véritables connaissances doivent conduire à un état nécessairement misérable.

Nous serions dans l'erreur, si nous concevions qu'il puisse être plus agréable d'être entouré d'individus d'une dépendance servile, que d'hommes d'une assistance éclairée; nous n'y serions pas moins, si nous croyions qu'il est de l'intérêt des classes élevées d'augmenter les distances, et ainsi d'élargir le fossé qui les sépare de pauvres, mais intéressantes créatures, ou que les souffrances et la dégradation d'une portion de l'espèce humaine peuvent accroître le bien-être de l'autre portion.

En vérité, l'idée que de tels sentimens sont volontairement nourris dans les classes supérieures de la société, ferait supposer en elles l'absence de toute sensibilité; ils sont incompatibles avec tout sentiment élevé, aussi bien qu'avec un bonheur réel permanent.

APPENDICE.

Les abrégés suivans, qu'on pourrait appeler *Introduction aux arts et aux sciences*, sont offerts pour expliquer quelle sorte de résumés nous recommandons de mettre entre les mains des enfans, avant d'entrer dans aucun détail. Ils ont été faits pour les écoles de New-Lanark, et ont été communiqués aux classes plus avancées. Les professeurs ont été invités à rendre chaque idée claire et intelligible, soit par des anecdotes, par des récits intéressans que leur esprit peut leur suggérer, soit par des dessins ou des modèles; on leur a surtout recommandé d'encourager les enfans à expliquer en langage familier, comment ils ont compris ce qu'ils ont entendu. En général, les élèves de New-Lanark remplissent ce devoir avec une étonnante facilité.

Une copie de cet Appendice a été faite par quelques-uns des écoliers; en leur imposant ce travail, on s'est proposé de former leur écriture courante, et de graver plus sûrement dans leur esprit les connaissances sommaires qu'il renferme.

LA TERRE.

LA terre sur laquelle nous vivons est un globe immense à peu près rond. Les montagnes qu'on rencontre à sa surface, même les plus élevées, qui sont six ou sept fois plus hautes qu'aucune de celles de l'Angleterre, ne s'opposent pas plus à la rondeur de la terre, que les inégalités de l'écorce d'une orange ne s'opposent à la rondeur de ce fruit, parce que, comparativement à la grosseur de notre monde, les montagnes les plus élevées ne sont pas plus hautes que les aspérités de l'écorce de l'orange, comparées à l'orange elle-même. Voilà pourquoi si nous voulions représenter la terre aussi petite que le fruit dont nous venons de parler, les montagnes ne devraient même pas être si sensibles que les inégalités de la peau de l'orange.

La terre ne peut nous paraître ronde, parce que nous n'en voyons qu'une très-petite portion à la fois, et qu'une infiniment petite partie d'une immense circonférence, est trop semblable à une ligne droite pour que nous puissions y trouver quelque différence ; cependant nous savons que la terre est ronde, parce que si on voyageait pendant deux ou trois ans, marchant toujours dans la même direction, on reviendrait au lieu même d'où on serait parti : on aurait fait le tour du monde.

Nous ne pouvons savoir si la terre est un solide ou non, parce que nous n'en connaissons que l'extérieur et un peu de la profondeur; mais l'intérieur nous est inconnu.

Le monde est dans un mouvement continuel de rotation; mais nous ne pouvons l'apercevoir, parce qu'il nous entraîne et que nous tournons avec ce globe. Il en est de même d'un navire qui vogue sur une mer tranquille : nous sommes dans une chambre de vaisseau, et nous ne sentons point le mouvement que le vent lui donne; il nous semble au contraire qu'il ne marche point.

La terre est éclairée par un globe plus volumineux qu'elle ne l'est; c'est le soleil. Cet astre est fort éloigné de notre monde. S'il en était plus près, tout serait consumé. S'il ne lui communiquait pas la chaleur, rien ne pourrait vivre ni croître.

Une lumière quelconque ne peut éclairer qu'une portion d'un globe à la fois; l'autre partie est dans l'obscurité. De même, le soleil n'éclaire qu'une partie du monde à la fois, et laisse l'autre dans les ténèbres. Telle est la raison du jour et de la nuit. La portion de terre que nous habitons est tournée vers le soleil pendant le jour, la nuit elle est tournée du côté opposé.

(Ici on peut donner la raison qui fait que les jours sont plus ou moins longs, et faire entendre pourquoi il fait chaud l'été et froid l'hiver.)

Si on voulait dessiner une boule, on ne pourrait jamais en peindre que la moitié; alors il faudrait retourner son papier pour dessiner la seconde moitié derrière la première; voilà pourquoi on représente la terre par deux hémisphères. Sur le papier, chaque hémisphère paraît plat, mais il représente réellement la moitié d'un globe. Toute carte, représentant une partie du monde que nous habitons, devrait, pour être parfaitement correcte, être en relief sur le papier.

Le monde, ou quelqu'une de ses parties, peut-être dessiné sur une carte grande ou petite; de la même manière que voulant peindre une maison, nous pouvons la faire grande, dans un cadre vaste, ou petite, dans un cadre plus resserré, en diminuant seulement les proportions. C'est ce qu'on appelle dessiner *sur une grande* ou *petite échelle*.

Une partie de la terre est couverte d'eau. La partie que les eaux ne couvrent pas est appelée *terre*, et n'est pas tout-à-fait aussi étendue que la moitié de l'autre.

La totalité de la terre est donc divisée en *terre* et *eau*.

Cette terre est elle-même entièrement entourée par l'air.

On appelle *substance* tout ce qui se trouve sur *terre* ou en *terre*. On suppose que chacune des *substances* est un composé de *particules* trop petites pour être aperçues.

Toutes ces substances sont fixées à la terre, ou dans l'intérieur de la terre, et les différentes parties qui la composent tiennent les unes aux autres, parce que toutes les substances s'attirent l'une l'autre, sans que nous puissions savoir pourquoi ni comment.

Plus une substance a d'étendue, plus elle attire à elle celles qui l'environnent, parce qu'elle est composée d'un plus grand nombre de particules, et que chacune de ces particules agit un peu. Voilà pourquoi la terre attire à elle tous les corps; ou autrement, pourquoi une substance quelconque que nous abandonnons à elle-même, *tombe* à terre, et *presse*, de ce que nous appelons *son poids*, le corps sur lequel elle s'appuie.

Lorsqu'un corps tombe sur la terre, il l'attire en haut, très-peu à la vérité, mais à peu près de la même manière que la terre l'attire en bas; tous les corps sont si petits, comparativement à la terre, et la terre est par conséquent si étendue relativement à eux, que nous ne voyons jamais le globe mû par quelque substance que ce soit, et qu'au contraire elle les attire toutes.

Les différens corps que nous remarquons

sur la terre pourraient s'attirer l'un l'autre, s'ils avaient plus d'étendue que notre globe; mais il en est tout autrement, et quoiqu'ils aient une tendance à s'attirer l'un l'autre, la terre, plus volumineuse, les attire tous avec tant de force, qu'ils demeurent fixés à sa surface, et ne peuvent plus agir l'un contre l'autre.

Voilà pourquoi il faut que nous fassions un effort pour lever un bras ou une jambe, tandis que nous n'en faisons aucun pour laisser retomber un de ces membres.

Telle est encore la raison qui fait que nous ne nous éloignons jamais de la terre, quoiqu'elle soit en rotation; car (la terre en attirant puissamment à elle), nous sommes toujours attachés à sa surface, que nous soyons debout, assis ou couchés.

Nous disons que ce qui est dans la terre est au-dessous de nous; et que ce qui l'entoure (par exemple les nuages), *est au-dessus de nous*, parce que, bien que la terre tourne, nous restons toujours la tête en haut et les pieds en bas; c'est-à-dire, les pieds fixés à la terre et la tête dirigée vers le ciel.

Si un corps d'une plus grande étendue que la terre venait à s'en approcher, il attirerait notre monde à lui, et non-seulement notre monde, mais tout ce qui est sur ce globe; mais, quoiqu'il y ait des corps d'un plus grand volume que la terre, ils n'en sont pas assez rapprochés pour l'attirer.

Plus les substances sont près les unes des autres, plus elles agissent puissamment les unes sur les autres. Voilà pour quelle raison les petites particules qui composent un corps solide sont étroitement unies, et pourquoi il faut employer de la force pour les séparer, les couper ou les diviser.

Cette propriété que les substances ont de s'attirer s'appelle *attraction;* et quand elles sont réunies, nous disons qu'il y a *attraction* entre elles.

Sans cette *attraction* des substances, chaque puissance, qui pourrait agir sur les corps, à quelque degré de mouvement qu'ils fussent arrivés (le vent, par exemple), les mettrait en pièces; et en très-peu de tems, le monde entier serait divisé en une infinité de particules.

Lorsque la force du vent est plus grande, et agit plus puissamment sur un corps, que l'attraction de la terre sur la substance qui le compose, ce corps est emporté dans les airs; et quand ce vent cesse, et que l'attraction de la terre sur la substance reprend la supériorité de force, le corps tombe.

Si la puissance du vent, sur les particules qui forment une substance, est plus grande que l'*attraction* de ces particules entr'elles, la substance est détruite.

Quand l'attraction des parties d'une substance, ou d'un corps, est plus grande avec la terre qu'entr'elles, le corps tombe en pièces; parce que chacune des parties de la substance tombe nécessairement à terre, *aussitôt que l'étendue de la terre donne lieu à une attraction plus grande que celle qui résulte de la densité de ces particules entr'elles.*

Car la force de l'*attraction* dépend toujours de la *densité* des *corps* ou de leur *étendue*.

Presque tous les corps que nous voyons sont faits de deux ou de plusieurs substances, et alors sont appelés *corps composés*. Les substances qui composent les corps sont appelées *élémens* ou *corps simples*. Nous trouvons rarement des corps simples, parce que rarement il arrive qu'un être soit composé d'une seule substance.

Quoiqu'il y ait un grand nombre de corps composés, il n'y a cependant que peu d'espèces différentes de corps simples; mais la diversité de leurs combinaisons ensemble donne lieu aux différens effets que nous remarquons, de même que l'alphabet, composé de peu de lettres, peut servir à former une très-grande quantité de mots.

Nous pouvons décomposer les êtres *composés;* c'est-à-dire, que nous pouvons extraire les corps simples qui entrent dans la composition d'une substance, mais nous ne pouvons ensuite recomposer un corps que nous avons analysé; par exemple, nous pouvons décomposer un morceau de viande ou un os, et analyser les substances simples qui le composent; mais après avoir extrait ces substances, nous ne pourrions plus en refaire ni de la viande ni un os.

Toute substance appartient à une des trois grandes divisions appelées *règnes*, savoir :

Le règne animal,

Le règne végétal

Et le règne minéral.

Maintenant nous allons vous apprendre à reconnaître auquel de ces trois règnes appartiennent les objets.

Les animaux changent, vivent, se meuvent d'eux-mêmes et pensent (sinon tous, au moins la plupart.)

Les végétaux changent, vivent; mais ils ne peuvent se mouvoir d'eux-mêmes, et on ne suppose pas qu'ils pensent.

Les minéraux changent; mais ils ne vivent pas, ils ne peuvent donc ni mourir ni se flétrir, et ils ne sont pas plus susceptibles que les végétaux, de se mouvoir d'eux-mêmes et de penser (1).

Ainsi les *animaux*, les *végétaux*, les *minéraux*, ou toutes les substances, sont susceptibles de changement; les *animaux* et les *végétaux* changent et vivent; les *animaux* changent, vivent, se meuvent, et pensent.

I. *Comment les animaux, les végétaux et les minéraux changent.*

Toute substance change continuellement, soit que le changement s'opère lentement, soit qu'il ait lieu avec promptitude, il peut être nécessité par l'accroissement ou par le déclin; quelquefois il se fait peu à peu et par degrés imperceptibles, quelquefois un instant suffit pour que la métamorphose soit complète. Lorsque les

---

(1) Ces définitions ne sont pas données comme les plus exactes qu'on puisse faire; mais comme simples et d'un facile application.

animaux ou les végétaux changent pour augmenter en étendue, nous disons qu'ils *croissent*.

Quand un *animal* naît, il est plus petit qu'après avoir vécu quelque tems; il continue à augmenter de volume, ou *à croître;* quelquefois, il suffit de peu d'heures; d'autres fois, il faut beaucoup d'années pour qu'il arrive à sa plus grande étendue. Cependant les particules qui composent la substance dont il est formé, ne cessent point d'agir; bientôt elles s'altèrent, et dès ce moment le corps commence à décliner, mais avec lenteur. Les animaux croissent avec si peu de rapidité, que nous ne pouvons suivre de l'œil leurs progrès; mais si ces animaux ont été loin de nous pendant un certain tems, nous pouvons alors apprécier le développement ou l'altération qui a eu lieu.

Les *végétaux* commencent à croître, ou d'une graine ou d'une racine, lorsque cette graine ou racine est mise dans la terre, ou simplement dans l'eau. Une partie des végétaux pousse hors de terre, et c'est cette partie que nous voyons; une autre partie croît en terre, et c'est ce qu'on appelle *racines*.

En général, la crue des végétaux est plus rapide que celle des animaux; mais il est bien rare que leur accroissement soit assez prompt pour que nous le puissions suivre de l'œil.

Beaucoup de végétaux ne croissent que pendant les mois chauds de l'année, et l'hiver ils cessent de pousser, ou même perdent une partie de leur crue. Les particules qui composent un végétal se meuvent à l'intérieur de la plante, et finissent par l'altérer, de même que chez les animaux. Quelques végétaux atteignent une étendue beaucoup plus considérable que celle de quelque animal que ce soit.

Les *minéraux* changent, comme les animaux et les végétaux, mais d'une manière très-différente, et beaucoup plus lente; souvent même ils semblent ne pas changer du tout. Quelques-uns des minéraux cependant deviennent plusieurs milliers de fois plus étendus qu'aucun animal ou végétal.

La masse de la terre, du moins autant que nous en sommes instruits, est composée de minéraux, qui ont subi des changemens après une longue suite de tems.

Il y a un nombre bien plus considérable de substances minérales sur la terre, que de substances animales ou végétales, car les animaux et les végétaux ne croissent qu'à la surface de la terre, tandis que la terre elle-même est probablement une masse de substances minérales.

II. *Comment les animaux et les végétaux vivent.*

Nous avons dit que les *animaux*, les *végétaux* et les *minéraux* changent continuellement, devenant tantôt plus étendus, tantôt moins; mais nous avons remarqué que les *animaux* et les *végétaux* prennent leur accroissement tout différemment que les *minéraux*.[1] D'abord ils croissent plus promptement; ensuite, les animaux ne peuvent se développer s'ils ne sont nourris, non plus que les végétaux s'ils ne sont plantés; les animaux et les végétaux augmentent en dimension pendant un certain tems, s'arrêtent ensuite à un certain degré; puis, deviennent de moins en moins vigoureux, et enfin finissent par subir un changement complet, que nous appelons *mort*.

Dans cet état, l'animal ne peut plus ni se mouvoir ni prendre aucune nourriture, comme il est dans l'habitude de le faire; le végétal ne croît plus dans la belle saison, et ne perd plus son feuillage l'hiver; il tombe à terre; les racines et les branches, de même que le corps de l'animal mort, se décomposent par parties, et se mêlent avec les minéraux et les végétaux qui les entourent et finissent par se combiner avec ces substances.

Cette propriété qu'ont les animaux et les végétaux de changer de manière d'être est appelée *la vie;* et le changement soudain qu'ils subissent, dès qu'ils ne peuvent plus continuer d'exister de la même manière, est appelé *mort*.

Les minéraux ne croissent pas de la même manière pendant un tems, et ne sont pas sujets à ce changement soudain; ainsi donc, les minéraux ne peuvent ni *vivre* ni *mourir*.

Les *animaux* ne peuvent vivre sans prendre de nourriture, laquelle est toujours composée d'une substance *animale*, végétale ou minérale, mais surtout végétale, non plus que sans aspirer et rejeter l'air qui environne la terre; si les animaux étaient privés de nourriture et d'air, même pendant un laps de tems assez court, il mourraient tous; cette nourriture et cet air doivent être propres à l'animal, sans quoi il mourrait également. Quelques animaux ont besoin d'une sorte de nourriture, tandis que d'autres en choisissent une différente; chaque espèce recherche une sorte d'a-limens différente de celle qui convient aux autres espèces. Il y a aussi une qualité d'air qui tuerait un animal s'il le respirait, et qu'on trouve quelquefois dans la terre, à un peu de profondeur; mais, en général, l'air qui entoure le globe est propre à la respiration; seulement il est plus ou moins bon dans un lieu que dans un autre.

Une partie de la nourriture que l'animal mange, se combine avec les particules de son corps, et l'air qu'il respire emporte quelques-unes de ces particules, qui ainsi sont continuellement en mouvement, et font changer l'individu peu à peu. La plupart des animaux ont du sang; il est rouge chez les uns, et blanc chez les autres. Il circule à l'intérieur du corps tant que l'animal vit; s'il s'écoule par une blessure, ou qu'un coup violent arrête son mouvement, l'animal meurt.

Quelques animaux ne vivent pas un jour; d'autres vivent deux cents ans. Nous ne pouvons savoir quelle est la plus longue durée de la vie de quelques animaux.

Les végétaux, comme les animaux, ne peuvent vivre sans alimens ni air. Leurs racines reçoivent la nourriture de la terre ou de l'eau, et cette nourriture circule dans tout le corps du végétal. Les autres parties de la plante, particulièrement les feuilles, sont mises en action par l'air qui les environne, et ainsi la circulation est établie jusque dans les dernières ramifications du végétal.

Quelques végétaux exigent ou une espèce de terre, ou une autre. Il y en a qui vivent seulement un été, on les appelle *plantes annuelles;* d'autres existent beaucoup plus long-tems que les animaux; on assure que quelques-unes vivent jusqu'à mille ans; on les nomme *vivaces*.

Si on coupe un végétal en deux, la partie qui reste en terre continue de subsister; l'autre meurt.

Quelques animaux et quelques végétaux ne peuvent subsister que dans des pays chauds; d'autres, au contraire, ne vivent que dans des pays froids.

III. *Comment les animaux se meuvent et pensent.*

Parmi les animaux, les uns vivent sur la terre, les autres dans l'eau.

Ceux qui vivent sur terre se meuvent au moyen de pieds qui leur servent à se porter en avant ou en arrière selon qu'il leur plaît. Quelques animaux terrestres se meuvent sans pieds, en ramassant et étendant successivement leur corps; d'autres ont la faculté de se transporter dans l'air, et de s'y mouvoir sans toucher la terre : ils se servent d'ailes avec lesquelles ils frappent l'air aussi long-tems qu'ils veulent se maintenir élevés.

Les animaux qui vivent dans l'eau s'y meuvent au moyen de nageoires, qui sont composées de substances cartilagineuses; et leur servent comme de pieds, à se transporter où ils ont besoin.

Nous ne connaissons qu'une espèce d'animaux aquatiques, et qui aient la faculté de vivre exposés à l'air, encore n'est-ce que pour très-peu de tems.

Presque tous les animaux ont cinq sens, savoir : la vue, l'ouïe, le tact, l'odorat et le goût.

Toute chose qui approche un animal fait une impression sur ses sens, de la même manière que nous pouvons faire une impression quelconque sur un corps, par exemple, en le frappant ou en le pressant.

Si nous pressons ou frappons un corps, il reçoit le coup ou la pression; de même si quelque chose frappe notre vue, nos yeux reçoivent l'image de cette chose. Si ce sens n'agissait pas ainsi, nous ne pourrions juger du rapport des choses entr'elles. Il en est de même des autres sens.

Nous ne savons certainement pas *comment* nos sens reçoivent ces impressions, mais nous savons qu'ils les reçoivent, puisque nous voyons avec nos yeux, nous entendons par nos oreilles, nous tâtons avec les doigts, ou avec toute autre partie de notre corps, nous flairons par le nez, et nous goûtons avec la bouche.

Si nous ne pouvions voir, toucher, entendre, flairer ni goûter, nous ne connaîtrions rien de ce qui nous environne; ainsi toutes nos connaissances nous viennent par les sens.

Nous ne pourrions nullement penser si nous ne connaissions rien de ce qui est autour de nous, puisque c'est toujours sur ce que nous connaissons, ou sur les impressions que nous avons reçues, que nous pensons. Ces impressions font donc naître des idées, et après avoir conçu une idée, nous agissons.

D'où on voit que ce sont les impressions que nous recevons par nos sens, qui nous engagent à nous mouvoir et à agir.

Les végétaux n'ont point de sens; ils ne peuvent ni voir, ni entendre, ni toucher, ni flairer, ni déguster. Ils ne peuvent donc ni penser, ni se mouvoir d'eux-mêmes, ni agir.

Nous allons maintenant faire connaître les différentes sortes de connaissances que les hommes ont acquises par leurs sens.

Toute connaissance appartient à un *art*, ou à une *science*.

Tout ce qui nous instruit de la nature, et des propriétés d'une substance, est *une science*.

Tout ce qui nous enseigne à produire quelque chose est *un art*.

Les principales sciences sont :

L'astronomie, la géographie, les mathématiques, la zoologie, la botanique, la minéralogie, la chimie.

Les arts sont :

L'agriculture, la mécanique, l'architecture, le dessin (comprenant la sculpture), la musique, et quelques autres de moindre importance.

Presque tous les arts reposent sur les sciences, car il est nécessaire de connaître la nature des choses avant de chercher à les produire.

Nous allons examiner les sujets dont

traitent les sciences, et ce que les arts nous apprennent.

L'ASTRONOMIE.

Nous avons dit qu'il y a beaucoup de corps très-volumineux outre la terre, et que quelques-uns d'entr'eux sont beaucoup plus étendus que notre monde. Ces corps sont le soleil, la lune et les étoiles.

L'astronomie nous enseigne tout ce qui concerne ces astres, leur dimension relative, et la distance qui existe entr'eux.

Les planètes sont à une si grande distance de nous, que beaucoup d'entr'elles ne nous sont pas connues.

LA GÉOGRAPHIE

Est la connaissance des différentes contrées de la terre. Cette science nous apprend en quoi les pays diffèrent, ou se ressemblent, et quelle est leur division. Elle nous apprend aussi quelles sont les mœurs et les coutumes des peuples qui habitent ces contrées, et quels sont les animaux et les végétaux qu'on y trouve.

LES MATHÉMATIQUES

Nous enseignent à énumérer et à mesurer les différens corps, et à calculer leurs dimensions relatives.

LA ZOOLOGIE

Est l'histoire naturelle des animaux, ou la connaissance de la formation, de la figure, des mœurs et des dispositions des animaux.

Comme les hommes et les femmes sont des animaux, elle nous les fait connaître ; par exemple, elle nous donne des notions sur leur corps, le sang, la chair, les os, les nerfs, les articulations, et les différentes parties de l'individu.

Cette science nous explique, autant que cela peut l'être, comment les animaux vivent, se meuvent, comment ils sentent et pensent, et comment ils doivent être traités; mais parmi toutes ces facultés il y a un grand nombre de choses qui ne sont point découvertes encore, et que nous ne pouvons comprendre.

La partie de l'histoire naturelle des hommes et des femmes, qui nous apprend quels sont ceux d'entr'eux qui ont vécu depuis un certain tems, est appelée *histoire.*

Nous ne sommes pas certains que toutes les histoires soient également vraies, parce que les hommes qui les ont écrites peuvent avoir été trompés, ou même avoir écrit des choses qu'ils savaient bien n'être pas arrivées. Cependant, lorsque différens écrivains, qui ne se connaissaient point, et ne pouvaient savoir les uns et les autres ce que chacun d'eux écrivait, disent la même chose, ce qu'ils affirment est plus probablement vrai que ce qui n'est avancé que par un seul écrivain.

Il est plus difficile de s'assurer de la véracité de ce que nous lisons dans l'histoire, que de l'exactitude de ce que nous lisons sur la terre et ses productions, parce que nous voyons la terre et ce qu'elle produit, tandis que nous ne pouvons voir ce qui était passé avant notre naissance, ni même, si les événemens étaient anciens, voir personne qui en ait été témoin.

La partie de zoologie qui nous entretient des hommes et des femmes, est la science la plus importante du monde, puisque c'est elle qui nous apprendra, quand nous serons hommes, tout ce qu'on sait, et tout ce qui reste à connaître d'utile sur nous-mêmes. Tout sujet nous concernant appartient donc réellement à la zoologie; cependant la partie de cette science qui traite de l'homme est si étendue et si différente de l'histoire naturelle des autres animaux, qu'on a jugé à propos de l'en distraire, et de diviser la zoologie en un certain nombre d'autres sciences dont on vous parlera lorsque vous serez plus âgés, et plus capable de les comprendre.

LA BOTANIQUE

Est la connaissance de toutes les substances qui appartiennent au règne végétal, comme les arbres, les fleurs, les fruits, et toutes les autres productions végétales.

MINÉRALOGIE.

Cette science traite des substances qui composent la terre.

La partie de la minéralogie qui nous fait connaître l'intérieur de la terre, et les grandes masses de minéraux, s'appelle *géologie*.

Nous avons très-peu de connaissances en géologie, parce que nous n'avons jamais pu pénétrer dans la terre qu'à deux milles de profondeur. Et puisque la terre a 8,000 milles d'épaisseur, il aurait fallu descendre à une profondeur 4,000 fois plus grande que celle à laquelle nous avons pénétré, pour connaître tout l'intérieur du globe.

Examinons à présent les arts dont nous avons parlé.

L'AGRICULTURE.

La plus grande partie de nos alimens viennent de la terre. L'agriculture est l'art de faire croître cette nourriture. Cet art est le plus nécessaire de tous, puisque sans lui nous ne pourrions vivre.

LA MÉCANIQUE.

Toutes les choses que nous portons, et dont nous nous servons, la nourriture exceptée, sont produites par des manufactures. Le plus grand nombre des objets est fait au moyen de mécaniques. Une mécanique fait souvent plus d'ouvrage qu'un grand nombre d'hommes et de femmes réunis. Tous les jours de nouveaux mécanismes sont inventés.

Les professions qui ne sont que de petites manufactures, s'appellent métiers ; par exemple, le métier de cordonnier, de tailleur, etc.

L'ARCHITECTURE.

Cet art est celui de construire les maisons dans lesquelles vivent les hommes.

Une hutte, ou cabane, est une petite maison facilement bâtie, et qui ne contient qu'une ou deux chambres.

Un palais est une grande maison, qui contient de vastes appartemens, et pour la construction de laquelle il faut beaucoup de tems et de peine.

LE DESSIN

Est l'art de représenter les objets, de manière à ce que les personnes qui voient le dessin puissent reconnaître l'objet qu'il retrace, quoiqu'elles n'aient point vu l'original. Ainsi plus un dessin est semblable à l'objet qu'il représente, plus il est parfait.

On fait des dessins sur le papier, la toile et l'ivoire. Ceux qui représentent une personne, s'appellent *portrait.*

La sculpture est l'art de représenter les objets, en donnant leur forme à du bois ou à de la pierre.

LA MUSIQUE

Est l'art de produire des chants agréables, au moyen de la voix ou de différens instrumens.

La connaissance des règles nécessaires pour composer la musique, s'appelle *base fondamentale.*

Beaucoup de sciences peuvent être comprises dans la *chimie ;* et même une grande partie des arts en dépendent, car la chimie est effectivement la connaissance des propriétés de toutes les substances, de la manière dont les substances simples sont combinées, et de celle dont les substances composées peuvent être analysées.

On peut dire que la chimie, *dans la signification la plus étendue,* est la connaissance de quelques-unes des propriétés de celles des substances que nous avons déjà découvertes, de quelques-unes de leurs combinaisons, ainsi que des moyens de faire quelques-unes de ces combinaisons.

Même, dans l'acception la plus rétrécie, la *chimie* renferme une partie des sciences appelées *zoologie, botanique* et *minéralogie.*

Les substances dont les chimistes s'occupent principalement aujourd'hui sont les minérales; c'est donc avec la minéralogie que cette science a maintenant le plus de rapports.

Nous n'avons pas, en chimie, les connaissances que nous pouvons espérer d'en avoir, lorsqu'on aura apporté plus d'attention, et multiplié les expériences.

Pour nous faciliter les moyens de nous instruire dans les sciences et dans les arts, nous apprenons à lire et à écrire, à comprendre les langues, et les signes employés en arithmétique, de même que dans la musique. Mais ces connaissances préliminaires ne sont pas les sciences. Nous ne les prenons que comme des moyens d'étudier. Toute connaissance réelle est dans la science elle-même, et non dans les moyens qui nous sont offerts pour l'acquérir.

Le négoce, ou commerce, est le système de dispositions au moyen desquelles les productions de la nature et des arts se répandent maintenant par toute la terre.

Tout fait nouveau dans les sciences est appelé *découverte;* toute manière nouvelle de produire, dans les arts, s'appelle *invention.*

Aucune science n'est complète, aucun

art n'est borné. L'esprit humain acquiert chaque jour quelque lumière; ainsi, chaque jour peut voir éclore une invention nouvelle, une découverte utile.

FIN.

OUVRAGES NOUVEAUX

PUBLIÉS

PAR LUGAN, LIBRAIRE.

DES SYMPATHIES CONSIDÉRÉES DANS LES DIFFÉRENS APPAREILS D'ORGANES; par *Paul Reis*, docteur en médecine de la Faculté de Paris, médecin du bureau de charité du premier arrondissement, et membre de plusieurs sociétés savantes; 1 vol. in-8°, 3 fr. 50 c.

Cet ouvrage ne peut manquer d'inspirer beaucoup d'intérêt, aujourd'hui que la sympathie joue un si grand rôle en médecine.

DU COURAGE ET DE LA PATIENCE DANS LE TRAITEMENT DES MALADIES; par *Pasta*, docteur-médecin; traduction de l'italien, par *Jouenne*, docteur-médecin des Facultés de Caen et de Louvain, membre de plusieurs sociétés savantes;

Suivie du poëme de L'ESPRIT DU SAGE MÉDECIN, du docteur *Delaunay*; 1 vol. in-18, couverture imprimée, 2 fr. 50 c.

Cet ouvrage peut convenir à tout le monde, puisqu'il tend à fortifier l'ame de l'être souffrant qui trop souvent succombe faute de courage et de patience.

HISTOIRE DE L'EFFICACITÉ DE L'EAU, et de son influence sur la santé et la beauté du corps, entremêlée d'anecdotes curieuses sur ses propriétés comme boisson, comme moyens préservatifs et curatifs des maladies, et comme avantages dans la génération et dans l'éducation physique des enfans, d'après l'avis des plus célèbres médecins et philosophes anciens et modernes; par *Edward Rowe*; traduction de l'anglais, augmentée de l'opinion de quelques médecins français, allemands et italiens; avec cette épigraphe de Pindare :

Il n'y a rien de meilleur que *l'eau*.

1 vol. in-18, couverture imprimée, 2 fr.

Ce petit ouvrage renferme une foule de choses non moins utiles que simples, que l'on sera charmé de connaître.

ÉLISABETH ET ÉMILIE, conte moral; par Mme *Taylor*, auteur d'un grand nombre d'ouvrages pour la Jeunesse; traduit de l'anglais sur la huitième édition, par Mlle.***; seconde édition; 1 vol. in-18, orné d'une très-jolie gravure en taille-douce, 1 fr. 50 c.

Ce petit conte, écrit sans prétention pour des jeunes personnes, est rempli de ces incidens qui surviennent tous les jours; il est d'un style simple et soutenu, et offre à la jeunesse plusieurs petits tableaux d'une ressemblance frappante.

www.ingramcontent.com/pod-product-compliance
Lightning Source LLC
Chambersburg PA
CBHW052345090426
42739CB00011B/2321

* 9 7 8 2 0 1 2 5 4 2 6 7 9 *